スーパーパワー

Gゼロ時代のアメリカの選択

SUPERPOWER

THREE CHOICES for AMERICA'S ROLE IN THE WORLD

IAN BREMMER

イアン・ブレマー　奥村 準［訳］

日本経済新聞出版社

スーパーパワー

Gゼロ時代のアメリカの選択

SUPERPOWER

by

Ian Bremmer

This edition published by arrangement with Portfolio,
an imprint of Penguin Publishing Group,
a division of Penguin Random House LLC
through Tuttle-Mori Agency, Inc., Tokyo.

装丁　山口鷹雄
本文デザイン　ガイア・オペレーションズ

日本語版への序文

日本の読者の皆さまに、本書 *Superpower: Three Choices for America's Role in the World* の日本語版をお届けする機会を得たことは、とても名誉なことだ。

ここ最近、日本の政策決定者やビジネスリーダー、友人たちと話をしてきて、今後のアメリカの外交政策が日米同盟にとてつもなく大きな意味を持つという確信をいっそう深めている。お読みになればわかっていただけるように、本書はアメリカの国民および国民が選ぶ次の大統領が直面する選択肢を取り上げている。

しかし、アメリカが依然として世界唯一のスーパーパワーであり、今後も当分の間そうあり続ける以上、その選択は世界中のあらゆる地域に影響を及ぼし続けることになる。

これからの時代の世界の平和と繁栄にとって、東アジアほど重要な地域はない。なぜなら東アジアは、地政学的なホットスポット、新興勢力、重なり合う政治的・経済的パートナーシップ、そして紛争の火種を、他のどの地域よりも多く抱えているからだ。

日本は依然として世界で最も裕福な国の一つであり、最も創造的な経済を擁している。中国は、域内の覇権を掌握することを望んでいるが、インドは2番手の役割に甘んじるにはあまりにも野心的で、影響力もある。昨今、経済の停滞がみられる韓国も重要なプレーヤーとして台頭を続けている。世界で4番目の人口を抱えるインドネシアが上昇気流に乗っている。タイは軍政下にあるとはいえ、なおもアジア経済の中で重要な位置を占めている。そして、環太平洋の12カ国が参加する巨大な通商上の合意、ＴＰＰが実現しようとしているが、それによりアメリカも引き続き太平洋の大国としての地位を保つことが確実になるだろう。

東アジアはまた、ワイルドカード的なリスクもはらんでいる。北朝鮮は核兵器のほか、韓国に壊滅的な打撃を与えられるだけの通常兵器、そして世界最大級の常備軍を保有している。しかも最近、その支配層の中に大きな動揺が起きている徴候が見受けられるのだ。

日本の多くの方々は伝統的に、民主党の大統領より共和党の大統領を好む。それはひょっとすると、共和党のほうが民主党より外交への関心が強く、日本を含め、アメリカにとって最も重要な既存の同盟関係を強化することに、より熱心だと映っているからだろう。

しかし私としては、民主党か共和党かではなく、アメリカの政策決定者たちが直面している根本的な諸問題のほうに目を向けることをお勧めしたい。２０１６年のアメリカ大統領選挙は、すでにとても面白くなっているが、その結果いかんにかかわらず、アメリカの影響力が低下しつつある現実は、アメリカ政府に厳しい選択を迫ることになる。

世界唯一のスーパーパワーたるアメリカは、国内を再建するためにリソースを集中すべきだろうか？　アメリカの価値を高めるために工夫された、利益追求型の外交政策を構築するアイデアを経済界に求めるべきだろうか？　それとも、より安全で豊かな世界においてのみ、アメリカ自身も安全で豊かでいられるという確信のもと、自らの価値観を広げるためにスーパーパワーとしての役割を拡大していくべきだろうか？

日本の読者の皆さまには、いかにもアメリカならではの論争の中身をご覧になって、この問題について自分自身の結論を出していただきたいと願っている。


著者として、またユーラシア・グループの社長として、日本にいる大勢の友人や同僚に心から深くお礼申し上げたい。川口順子、斎藤惇、船橋洋一、林良造、内海孚、兼元俊徳、御立尚資、前田匡史、嶋田隆、長谷川栄一、佐野忠克、豊田正和、中川勝弘、今野秀洋、片瀬裕文、黒田淳一郎、滝田洋一、柴田拓美、長谷川閑史、渡辺修、奥田碩、吉川淳、井澤吉幸、小林栄三、北村俊昭、田中達郎、池田道雄の各氏にお礼申し上げる。また、本書を翻訳してくれた親友の奥村準、編集にあたった日本経済新聞出版社の鬼頭穣、赤木裕介の各氏には特に感謝する。

最後に、ユーラシア・グループを日本の政策決定者やビジネスマン、オピニオンリーダーと結びつけているのが、渡邊裕子、坂口恵、鈴木三輪、飯村＝アルヴィ知子の各氏だ。彼ら優れたプロフェッショナルたちの創造性、心の広さ、そして献身に対して心からの感謝を捧げる。

2015年10月　ニューヨークにて

イアン・ブレマー

目次

第4章 「マネーボール・アメリカ」 113

第5章 「必要不可欠なアメリカ」 163

我々は選択によって己になる
——ジャン＝ポール・サルトル

はじめに

Gゼロ時代に突入し、アメリカが世界を主導する力は以前ほど絶大ではなくなった。だが、しばらくはアメリカが唯一の「スーパーパワー（超大国）」であることに変わりはない。しかし、いわゆるスーパーパワーは、どうあるべきか？　アメリカは世界を舞台にどういった役割を演じるべきか？　あなたはアメリカにどのような役割を担ってもらいたいだろうか？

アメリカは、自分のことに専念する時代が来たと言う人もいる。様々な問題の解決は当事国自身に任せ、アメリカは自国の再建に注力すべきだと。一方、政府は意欲的な外交に徹するべきと唱える人もいる。ただし、政治的・経済的価値観を他国に押しつけるのではなく、アメリカをもっと安全で豊かな国にすることが目的だ。さらには、世界には主導者が必要で、それはアメリカしかいない、と言う人も今なおいて、民主主義、言論の自由、情報へのアクセス、個人の権利が広く尊重されるようになれば、アメリカ人にとっても他国の人々にとってもいいことだ、と彼らは主張するのだ。

あなたはどう考えるだろう？　判断の手助けに10の質問を用意したので、あなたの意見に最も近い回答を1つずつ選んでほしい。

1

自由とは

ⓐ すべての人が有する権利だ。
ⓑ 脆い存在だ。アメリカの国民は、国内でこそ自由を守らないといけない。
ⓒ 人それぞれの見方次第だ。

2

アメリカは

ⓐ 体現する価値ゆえに、特別な存在だ。
ⓑ これまで世界のためにしてきたことゆえに、特別な存在だ。
ⓒ 特別な国ではない。アメリカは最も強い国だが、だからといって、いつでも正しいとは限らない。

3

次のうち、あなたの意見に最も近いのはどれか。

ⓐ アメリカは自分のことに専念して、他国にも自分のことは自分で何とかしてもらうことがアメリカにとって最もいいことだ。

ⓑ アメリカが世界をリードしなければいけない。
ⓒ アメリカの外交政策の主たる目的は、アメリカをもっと安全で豊かにすることだ。

4

中国は

ⓐ アメリカにとって最大のチャレンジであり、最大のチャンスでもある。
ⓑ あまりにも多くの仕事をアメリカ人から奪っている。
ⓒ 世界最大の独裁国家だ。

5

中東におけるアメリカ最大の問題は

ⓐ アメリカ政府が中東の民衆ではなく、独裁者たちを支持していることだ。
ⓑ 小さな問題が大きくなるまでアメリカ政府が放っておくことだ。
ⓒ 手のつけようがない地域にもかかわらず、アメリカ政府が何とかできると思い込んでいることだ。

6

アメリカの諜報能力は

ⓐ いつの時代でも諸刃の剣だ。

ⓑ アメリカ国民のプライバシーに対する脅威だ。

ⓒ アメリカを守るのに必要だ。

7

アメリカ大統領の最大の責務は

ⓐ アメリカの国益を内外で追求することだ。

ⓑ 合衆国憲法を推進し、守っていくことだ。

ⓒ リードすることだ。

8

次のうち、あなたの意見に最も近いのはどれか。

ⓐ 偉大なリーダーは、世界を変えることができる。

ⓑ 偉大なリーダーは、範を垂れることによってリードしないといけない。

ⓒ 現実の世の中ではどんなリーダーも、まずい選択肢ばかりの中から少しでもましなも

のを選ばないといけないことが、しばしばある。

9

次のうち、どれが最も大きな危険にさらされているか。

ⓐ アメリカの経済
ⓑ アメリカに対する国際的な評価
ⓒ 建国の理念に対するアメリカのリーダーたちの敬意

10

2050年までにどうなっていてほしいか。

ⓐ アメリカは頼りになり、志を同じくする友邦とリーダーシップの重荷を分かち合っている。
ⓑ アメリカ国内で、完全な調和が実現している。
ⓒ 世界中でできるだけ多くの人々が、本来持つべき自由を奪っている独裁者たちを倒すために、アメリカのリーダーシップが役立っている。

終章でこれらの質問に立ち戻り、私自身の意見とその理由をありのままお伝えする。また、第3～5章の各章末でも同様の質問を取り上げる。だが、この本の主旨はあなたがどう考えるかという点にある。アメリカ人であろうが、自国を誇る他国の方であろうが、世界唯一のスーパーパワーがいかなる役割を果たすべきか、あなたの考えを私は知りたいのだ。もし本書を読み終えて、はっきりした意見を持っていただけたら――今の意見と少し違うものになったならなおのこと――たとえそれが私と正反対の意見だとしても、この本はその役目を果たしたことになる。

＊＊＊

私は自分が政治学者であることに誇りを持ち、偏見のない分析を提示する責務を大切にしている。また、自分がアメリカ人であることにも強い誇りを持っており、そのことを最初に知っておいていただきたい。私の祖先は、アルメニア、イタリア、シリアおよびドイツから来た人々、そして中央アジアからベーリング海峡を渡って北米の大草原にたどりついたネイティブ・アメリカンもいる。私はマサチューセッツ州のチェルシー市にある低所得者向けの集合住宅で育ったが、大半がプエルトリコ系の少年野球チーム、イタリア系の高校、そしてアングロサクソン系中間層のジュニア・アチーブメントの仲間と、いずれも何の違和感もなかった。だが、このいわゆる「人種のるつぼ《メルティング・ポット》」を別にすると、私の愛国心は少年時代の必然の産物でもある。4歳のときに父を亡くしたが、母が私と弟を、貧しい中で助けをほとんど借りずに、良い教育とたゆまざる努力が子供たちの将来を切り開いていく、という揺るぎない信念をもって育ててくれたのだ。

私には、我がアメリカを愛する者として、その美徳と功績をたたえるとともにその短所についても考え、書く責任がある。また、世界の中のアメリカ、すなわちアメリカがどういうものであって、どうなる可能性があるのか、そしてどうなるべきか、私はとても気がかりだ。他が抱えている問題を解決する勇気をアメリカに持ってほしいし、また、新たな問題を作り出さない叡智も携えてほしい。私は、ディベートも好きだ。それも、政治家たちが見えを切ったり、攻撃をかわしたりする、そしてそれに対して何度拍手があったか、何度失言したかを評論家たちが数え上げる、あれではない。未知の世界への扉を開くことを願って、勇気と誠意ある人々が重要な問題を取り上げるディベートのことだ。そして今のアメリカには、そのようなディベートが必要なのだ。

本書はところどころで、ヨーロッパの不安、ロシアの野心、中東の危険、そして中国という謎など、混乱と移行期にある世界の問題を重点的に取り上げている。しかし、読んでいただければわかることだが、アメリカ人にもコントロールできない、国家の盛衰、新興国の台頭、世界秩序の崩壊といったメガトレンドの話ではない。あくまでも明日の世界におけるアメリカの役割の話であり、そして次期大統領選を前に、共和党、民主党、ひょっとするとそれ以外の候補諸氏が、私たちのお金、支持、そして票を求めるのに対して、私たちがしなければならない選択のことなのである。

第1章では、今の世界、そしてアメリカの限界とそれを乗り越えるチャンスを取り上げる。第2章では、冷戦後のアメリカの支離滅裂な外交政策を手短に説明する。そして第3〜5章にかけて、我々の将来についてはっきりと相異なる選択肢、すなわち移行期にある世界でアメリカが果たすべき役割についての相対立する3つの議論を提示する。そこで述べる意見がすべて私自身の意見だというわけではないし、そんなことはあり得ない。なにしろアメリカについての相対立する未来像なのだから。ただし、各章ではできるだけ強力な議論を展開すべく最善を尽くしている。どれが最も説得力があるかは、あなたに判断してほしい。

第3章「独立するアメリカ」(Independent America) は、他所の問題を解決しなければならないという立場からの独立をアメリカが宣言し、国内に専念することによってアメリカの計り知れないポテンシャルを開放する時が来ているという見地から、あなたを説得しようというものだ。

第4章「マネーボール・アメリカ」(Moneyball America) では、第3章の主旨がナンセンスであって、世界にはやるべきことがあり、それをアメリカがすることは自らの国益にかなっているという議論を展開する。

第5章「必要不可欠なアメリカ」(Indispensable America) は、はじめの2つの未来像が偉大な国アメリカにふさわしくなく、世界のすべてがつながり合う現代においては、他が自由を勝ち取るのを助けない限り恒久的な平和と繁栄を確立するのは不可能であって、たとえ100年かかるとしても、その目標から目をそらしてはいけないということを強調する。

第6章では、この3つの選択肢の長所と短所を詳しく説明するが、選択しないことが最も悪い選択だという議論も展開する。

＊＊＊

本書を書き始めたときには、自分がどの選択肢をとることになるかわからなかった。売り込みたいストーリーがあるか、特別な狙いがある評論家や政治家に誘導されやすいのは世の常だが、3つの選択肢それぞれについて、できるだけ正直で説得力のある議論を行うという試みは、私自身が何を信じ、またなぜそれを信じているかを理解するのに役立った。あなたにも同じような効果があることを願っている。ただし、私が本当にどう考えているかは、終章まで伏せておこう。そして繰り返しになるが、私に賛成してくださいと言うつもりはない。

選択してほしい。ただそれだけである。

第1章 今日の世界、明日の世界

悲観主義者はすべての機会に困難を見出し、楽観主義者はすべての困難に機会を見出す
——ウィンストン・チャーチル

世界は常に変化している。だが、既存の秩序の死と新しい秩序の誕生が、とてつもない混乱を作り出す歴史的な時代というものがある。そして今が、そういう時代なのだ。

アメリカは依然として世界唯一の軍事的スーパーパワーだが、イラクおよびアフガニスタンにおいていい加減な考えで始められ、高くついた国造りプロジェクト、そして最近でも諸々の紛争を解決できないでいるために、アメリカの〝パワー〟についてアメリカ人が懐疑的になり、他でそれを振るうことに消極的になっている。

また、2008年に起きた世界的な金融危機をきっかけに、アメリカ経済がしっかりした基盤の上にまだ立っているのかを疑問視する向きが出てきている。その後、株式市場は回復したが、アメリカの労働市場はそこまでの復元力《レジリエンス》を発揮していない。ヨーロッパ、中東、東アジア、その他におけるアメリカの友邦も、古き良き時代のアメリカが我が物としていたグローバルな責任へのアメリカ政府の

覚悟のほどを疑うようになっている。そしてライバルや敵は、アメリカの意図を試す新たな機会を見出している。

中国、ロシア、ペルシャ湾岸諸国、インド、ブラジル、トルコなどの新興勢力は近年、アメリカのリーダーシップが自分たちにとって有益でないと判断すれば、それを拒否してそれぞれ域内における影響力を伸ばせることを証明している。だが、これらの国々の政府は、いずれも国内に複雑な課題を抱えており、アメリカのリーダーシップに本当に取って代わるものを提示する意思も能力もない。アメリカが支配的地位を占めていた冷戦後の世界秩序は終わり、今や私たちは一貫したグローバル・リーダーシップを、単独で、あるいは国家連合として提供できる国がない世界にいる。だが、次に何が訪れるのかは、誰にもわからないのだ。

旧秩序の崩壊は、ここ7年で驚くほど多くの問題を引き起こしてきた。かつて威容を誇っていたアメリカの金融機関が破綻し、大きな混乱と世界的な景気後退をもたらすと、ユーロ圏は危機の淵へと転落していった。中東が暴発した。組織・資金ともに充実したイスラム過激派が、近代社会に対して大胆な攻撃をしかけてきた。中国の最高指導部では亀裂が生じ、時を同じくして中国政府がより強引な外交政策に打って出たのは偶然の一致ではない。ロシアと欧米は再び対立姿勢に入った。そして、こうして上がった火の手の多くが、今後何年にもわたって燃え盛ることになる。

次のアメリカ大統領が直面する大問題を考えても見よ。まず手始めに、中国の社会的安定と経済的活力が世界経済全体にとって非常に重要になっているが、その中国の変化がいくつものリスクを作り出している。のちほど詳述するが、中国の指導者たちは長期的な改革の断行に自分たちの未来を賭けている。つまり中国を、欧米や日本などに消費財を売る貧しい国から、自ら作る製品をより多く購入する資金を持つ、増大する中間層を原動力とした国へと飛躍させるのだ。腐敗した、効率の悪い、時代遅れの国有企業ではなく、効率的でダイナミックな民間企業が牽引する、よりイノベーションに満ちた経済へと変身していく後押しをしなければならない。中国の企業は、水と大気に破滅的な危害を加えることなく、エネルギーおよび成長を生み出す新しいテクノロジーを使いこなせるようにならないといけない。中国の政策決定者たちは、都市部の富裕層と農村部の貧困層の格差拡大を是正していかねばならない。そして、次の世代まで共産党による独裁体制を維持していくには、これらすべてをやってのけないといけないのだ。

しかし、中国政府の改革派に対しては圧力がかかっている。それは約束ばかり聞かされるのに飽きて変化を求める、経済水準が向上しつつある都市住民からも、その変化のせいで職を失うことを恐れる工場労働者からも、財産、人脈といった自らの特権や庇護が剥がれることを危ぶむ有力者からもかかってくる。習近平国家主席は、こうした圧力に対抗して、改革の敵を退け、疑いの目を向ける民衆からもっと信頼を得ようと、野心的な反腐敗キャンペーンを始めた。すでに中国の権力者たちを何人か打倒している。だが、こうした戦略は時とともに、脅威にさらされ失うものがない党・政府の幹部たちからのもっと強い反発を引き起こす。その結果、リーダー間の争いが表面化して、全国に激震が走ることになるかもしれない。しかも、こうしたことすべてが、意見、情報が歴史上かつてないスピードで中国を出入りし、国内を飛び交う時代に起こるのだ。このような現実は、アメリカ政府が何をしたところで、中国国内の混乱が世界経済全体を暗転させる可能性を高めている。

アメリカの次期大統領はまた、国内で問題を抱える中国政府が自らの失敗から国民の目をそらすための攻撃的行動を通じて、アメリカの同盟国を含む近隣諸国との紛争に向かう日に備える必要がある。中国政府は、急速に拡大しつつある周辺地域への影響力を行使するとともに、軍部を中心とするより強硬な外交政策を求める向きを懐柔するために、すでに対決的な姿勢を取るようになっており、とりわけ主権争いの対象となっている周辺海域においてそういうことが言える。こうした状況は、この先ずっと危険性を増していく。というのも安倍晋三首相が憲法解釈を変えてまで地域内外の安全保障における日本の役割を強化しようとしているからだ。こうした変化は、日中が東シナ海でより頻繁に対峙する可能性を高めている。世界第2、第3の経済大国たる両国は、お互いに高くつく軍事対決を避けようと力を尽くすだろうが、怒りを募らせた国民が断固たる姿勢を要求すれば、それを無視するわけにはいかない。将来、中国が不安定化するようなことがあれば、気がつけば中国、日本、そしてアメリカが海図なき海で瞬く間に衝突に向かっていることになるかもしれない。

次の課題は、ロシアが再び西側と対峙することになった紛争だ。これは新たな冷戦ではない。ロシアには、ソ連時代の同盟国も、魅力あるイデオロギーも、軍事力もないのだから。だが、キエフの市街地で始まった闘争はウクライナ全体、さらにはその周辺で、ロシアと国境を接する他国で、エネルギー市場・金融市場で、双方の軍事予算を通じて、さらにはサイバー空間においても続けられていく。

アメリカのNATO同盟国、特に元ソ連の共和国だったエストニア、ラトビア、リトアニア、そして元ワルシャワ条約の一員だったポーランドでは、この先何年も厳戒状態が続くことになる。エストニアおよびラトビアのロシア系住民の割合はウクライナ以上に高く、今後とも火種として残る。ロシア相手の苦難に満ちた歴史をたどってきたポーランドは、ウクライナをめぐる戦いに突き動かされ、ヨーロッパで最も声高にロシア政府を非難している。

東欧諸国の不安をさらにあおっているのが、ロシアのほうが元共産圏仲間の自分たちの先行きを、今もこの先も西欧諸国やアメリカよりずっと気にかけていることだ。したがってアメリカ政府、EUやドイツ政府がウクライナの民族自決権を守ろうとするより、ロシア政府がウクライナにおける影響力を守るためにずっと熱心かつ粘り強く戦うに違いない。プーチンは、欧米には長期戦への覚悟がないと確信している。実際、それは当たっているかもしれない。この紛争がすでに、エネルギー資源の豊富なロシアとエネルギー資源を渇望する中国を大きく接近させていることを、アメリカ政府が心配しているのもまた当たっている。もし中国が不安定化して中国政府が国民の怒りを反米感情へとそらすようなことがあれば、その懸念はいっそう高まる。

次期アメリカ大統領にとっては、同盟諸国との関係の健全性、特に対欧関係は頭痛の種になる。ヨーロッパとアメリカを結びつけている紐帯は、史上類を見ない強力な能力と共通の意志を有する連合としての可能性を有しているが、この環大西洋同盟にますます深刻なストレスがかかっているのだ。

第一に、ヨーロッパ内で厄介な対立が深まりつつある。ドイツなどの豊かなEU加盟国が、ギリシャ、スペイン、ポルトガル、イタリア、そしてフランスに対してさえも要求している緊縮財政、その他の痛みを伴う改革要求は、そうした国々の国民の大きな怒りを買っている。最近の欧州議会選挙を見れば双方の苛立ちは明らかで、多くの有権者が反EU政党に票を投じている。そして、ロシアとの対決の是非をめぐり、厳しい意見の対立がさらにヨーロッパを分断している。

また、ヨーロッパとアメリカを分断する要因もある。イスラム過激派の脅威を撃退することについては、双方ともに意見が一致している――そのやり方については常にそうだとは限らないが。しかし、ロシアにどう対応していくかという点では、完全に一致することはこの先も決してない。アメリカは、ロシア政府との関係が悪化したからといって、それほど悪影響を受けるわけではない。アメリカの対ロシア貿易は、2014年には輸出がたった110億ドル、輸入が240億ドルだった。ロシアは、アメリカの貿易相手国として20位にすら入っていないのだ。[1] だが、ヨーロッパにとってはずっと多くのことがかかっている。ロシアはEUにとって3番目の貿易相手国であって、2013年におけるEUからの財の輸入額は1200億ユーロに達した。そして同じ年のロシアの対EU輸出額は2060億ユーロに達した。[2] 当面、ドイツとほとんどの東欧諸国が、大量のロシアのエネルギーを必要とする。成長が低迷するフランスは、ロシアの防衛調達を当てにしている。そしてイギリスの金融市場は、ロシアの顧客を必要としている。こうした事情はのちに欧米間の深刻な対立の原因となるかもしれない。

アメリカの国家安全保障局（NSA）が同盟国に対してスパイ行為を行っていることが発覚した。

アメリカの情報通信技術（ＩＣＴ）企業が、ヨーロッパの機密情報への詳細なアクセスを、アメリカの諜報機関に提供したのではないかという疑惑が、環大西洋関係にとっていいはずがない。それを受けて、ドイツのメルケル首相が２０１４年に取ったのは、アメリカから隔離されたヨーロッパ独自のインターネットの形成を呼びかけるという異例の行動だった。[3] 先のジョージ・Ｗ・ブッシュ（子）大統領時代に多くのヨーロッパ諸国で急激に高まった反米感情は、オバマ大統領の選出で和らいだが、この一件で再燃している。用心深いヨーロッパの有権者が望まないことは何であれ、ヨーロッパ諸国の政府の支持をアメリカの大統領が確保することが、その分、難しくなっている。

また、アメリカの次期大統領は、ますます不安定になっていく中東について、何をすべきか、何をすべきでないかを判断しないといけない。あちこちで起こっている戦闘が一つの大きな戦争へと熔融していきかねない状況だ。戦に疲れたアメリカと先頭に立つのを恐れるヨーロッパはよく考えなければならない――不安を募らせるサウジアラビア、ここに来て自己主張を強めているイラン、脆弱なイラク、強権的なエジプト、そして内部分裂を抱えるトルコと関わっていくべきか、関わるとしたらどうすべきなのか。そしてイスラエルとパレスチナの手に負えない永遠の闘争を処理していかなければならない。事態を悪化させているのは、エジプト、リビア、イエメン、チュニジアで独裁者を一掃し、北アフリカの他の国においても社会不安を巻き起こした「アラブの春」の変化の波だ。もはや多くのイスラム過激派は、選挙が世の中を変える手段になるとは、信じていない。彼らは政治を通して勝ち取れなかったものを、手にした武器で血をもって購おうとしているのだ。

とりわけ2014年にイラクの大都市をいくつか制圧したことは、過激派組織「イスラム国」を史上最も資金力のあるテロ組織に押し上げた。イスラム国はまた、自らの闘争を求める新兵を世界中から募っている。イラク、シリア、マリ、ナイジェリア、リビア、チュニジア、イエメン、ソマリアでは、聖戦の火が燃え盛りつつある。アメリカの次期リーダーにとって、問題をこじらせているのは、この地域が欧米のパスポートを持つイスラム過激派の教練の場となっていることが、欧米各国の首都圏で警戒レベルを引き上げていることだ。先行き中東がアメリカにもたらす最も重要な問題はそれであって、聖戦が中東の石油生産に及ぼす脅威ではない。

さて、もっと視野を広げてみよう。すると次期大統領を待ち受けている試練は、特定の交戦地帯、国、地域より大きいことがわかる。次の世代にとって世界経済は新興国の実力やしなやかな活力にますますその原動力を求めるようになっていく。だが、これまで何十年と世界経済の成長の原動力となってきた先進経済大国に比べて、新興国が安定性においてもともと劣っていることは憂慮すべきだ。たとえば2012年のインドでは、6億7000万人が住む地域で停電を起きた。(4) 政府がインフラ欠如への対応を怠ったのが原因だ。また2013年には、ブラジルのサンパウロ市がバス料金を9セント相当引き上げ、主要各都市で100万人が街に繰り出しデモを展開した。(5) 同年のトルコにおいては、ショッピングモール建設のために木立を伐採する計画への抗議に対して警察が強引な行動を取ったことが、全国で200万人規模のデモ行動を起こすきっかけになった。(6) しかも次期大統領の任期中に、中国が世界最大の経済大国になる可能性が十分にある。世界経済をリードするのが依然として貧しく、不安定化の懸念がある強権国家であることが、世界経済の安定にとって何を意味するのか。

これだけ多くの問題の種に直面するとなると、アメリカの大統領としては、ともにリーダーシップを引き受けてくれる仲間がいれば喜んで分担してもらいたいところかもしれない。だが、そのような者がいるだろうか。ヨーロッパの首脳たちは、ユーロ圏の長期的活力への信頼をどうやって回復するかで対立し、そしてプーチン大統領率いるロシアからの安全保障上の挑戦への対応で手いっぱいだ。しかも長期的な観点から、アメリカとの伝統的な紐帯と通商関係の改善に経済の将来を賭けるべきか、それとも台頭する中国との可能性に満ちたパートナーシップに投資することでヘッジするか、迷っている。

日本、中国およびインドは、今のところは大したグローバル・リーダーシップを発揮してくれそうにない。いずれの政治的リーダーも国内の複雑かつ長期的な経済改革に圧倒的に集中している。縮小する労働人口、そして世界でも最悪の部類に入る超高齢化社会に直面する日本のリーダーたちは、安倍首相と黒田日銀総裁が「異次元の金融緩和」で経済にカツを入れたのを土台に、労働市場や農業など異論の多い改革を遂行していかなければならない。

中国のリーダーたちは、裕福な外国人向けの輸出依存度を下げ、中国の消費者がもっと多くの国産品を購入できるよう経済を強化する必要があるが、そのためには国有企業から消費者へ莫大な富を移転させる、おそろしく複雑な経済構造改革を断行しなければならない。市場の力で国有企業をもっと強力かつ効率的にしなければならない。水と空気をもっときれいにする経済成長を促進しなければならない。そして、こうした変化によって失うものが多い、裕福で顔の利く政治的・経済的有力者からの抵抗を押し切らなければならない。

インドのナレンドラ・モディ首相は、アジア域内、そして世界におけるインドの影響力を拡大すべく頑健で競争力のある経済を形成するために、長く守られてきた経済分野を外国へ向けて開きたがっている。

これら3カ国の政府は、いずれも国内で途方もない試練に直面しており、グローバル・リーダーシップをより多く分担し、それに伴うコストやリスクを引き受けることには消極的だ。ましてアメリカ政府が依然として重荷の大部分を引き受ける用意があるとあっては、なおさらである。

次期大統領が直面することになる最大の課題は、以上のうちどれか1つではなく、全体から来るのであって、さらにはそれらの課題に対してどれだけのことをすべきなのか、またはすべきでないのか、国内的コンセンサスがないところにある。金融危機を受けて、アメリカ、ヨーロッパ、中国、日本、インド、湾岸アラブ諸国などが手を結び、グローバル金融システムの全面崩壊を回避すべく具体的措置を講じたが、それはすべての大国が、同じ時に、同じリスクを、同じ程度の脅威に感じたことで、初めて実現したのだ。しかし、今のグローバルな力の均衡の変化、そしてそのために世界中で生じている問題は、同じような明白かつ差し迫った普遍的脅威をもたらしていない。したがって統一的な国際対応を期待するのは厳しいだろう。

次期大統領は、理解できない国外の紛争への介入を求める声に、アメリカ国民が疲れ果ててしまっている現実を認識しなければならない。国民が求めているのは、国内における実行だ。アメリカ人の職場を取り戻してほしい、アメリカ企業の競争力を高めてほしい、国力を国内の再建に振り向け、アメリカの未来に対する自信を取り戻してほしいのだ。

これは、世界の中のアメリカの役割について難しい選択をしなければならないことを意味する。オバマ大統領は、スーパーパワーとしての野心的な外交政策における国民の支持を取り付けようという動きに対しては、ひたすらこれを拒んできた。しかし同時に、いくつか優先事項を決めてそれに専念するという形で、より少ないもので最大限のことをする必要があると認めるのも拒んでいる。また、アメリカ政府がもはや他所が期待する役割を果たさず、他の各国政府が進み出てもっと多くのことをしないといけないことを明確にして、アメリカの責務を仕切り直すことも拒んでいる。

要するにオバマ大統領は、選択することを拒んでいるのだ。そして、彼がこの3つのいずれかを基盤として外交政策を構築すること、すなわちアメリカの世界に対するより首尾一貫したアプローチの土台を作ることができない、あるいはその意思を持たないことが、アメリカにとって内外の問題をより深刻にしているのである。

アメリカの外交政策は衰退しつつある

だからといって、アメリカの外交政策の退化の責任がすべてオバマ大統領にあるわけではない。次章で詳しく説明するが、冷戦後の混乱と誤算は「鉄のカーテン」が最終的に取り払われた時までさかのぼる。民主党にも共和党にも、大統領にも連邦議会にも、それぞれ責任がある。だが、誰のせいであるにせよ、アメリカの次期大統領が戦略なき外交政策を引き継ぐことになるのは明らかだ。アメリカは、この先何十年にもわたって世界最強の軍事大国であり続ける。アメリカと中国の軍事支出のギャップは、日増しにアメリカにとって有利に拡大している[8]。世界中すべての地域で軍事力を展開できるのはアメリカだけだ。その理由の一つに、世界の航空母艦の過半[9]——実際には3分の2近くという意見もある[10]——を所有していることがある。

パワーとは、他者が自発的にはしないことを無理にでもさせる能力のことだ。しかし、今やアメリカに対して単純にノーと言えるだけのリソースと自信を有する政府は増えている。誰もがアメリカの指導に従った、アメリカの力の黄金時代などいつだってなかった。冷戦の最盛期にあっても、アメリカの同盟国はしばしばアメリカ政府の希望に逆らった[11]。だが、連合を募ったり、通商協定を作ったり、制裁に対する支持を取り付けたり、多国間紛争について妥協の仲介をしたり、あるいは紛争に他を率いて割って入ったりするアメリカの力がここまで低下したのは、過去70年間なかったことだ。ヨーロッパ各国は、自らの安全保障について以前ほどアメリカに頼らなくなっている。中国、ロシア、インド、ブラジル、トルコおよびペルシャ湾岸の国王たちは、グローバルな現状を独自に変える力はないが、アメリカがしようとしていることの中で、自分たちが気にくわないものを邪魔する力は十二分に持っている。

アメリカでは、政府が国内の優先課題に集中しており、国民のほとんどが国家安全保障を直接脅かすことのない問題に関わりたくないと思っていることがわかっている向きにとっては、ウクライナやシリア、さらには南シナ海への直接介入をアメリカに躊躇させるのは大して手間のかかることではないのだ。

パワーの分散に加えて、より多くの外交官が世界の交渉のテーブルに着くようになったという以上の問題がある。すなわち新参プレイヤーが、異なる政治的・経済的価値観を持っている事実だ。もともとG7の主要先進工業国が世界を支配した時代はなかった。だが、中国、インド、ロシア、ブラジル、トルコなどが台頭してきたここ15年より以前、アメリカ、日本、イギリス、フランス、ドイツ、イタリア、カナダはまだかなりの支配力を持っていた。G7サミットでは、民主主義、言論の自由、あるいは市場経済資本主義の価値について議論する必要はまったくなかった。また、かつてアメリカとその仲間が作った国際機関が、国際システムを支配していた。国際通貨基金（IMF）、世界銀行、世界貿易機関（WTO）、そして北大西洋条約機構（NATO）が、アメリカの影響力を国際安全保障および世界経済の隅々まで行きわたらせていた。

だが、もはやそうではなくなっている。いわゆるBRICS――中国、インド、ロシア、ブラジル、南アフリカ――は自分たち独自の途上国・新興国クラブを作った。そして自分たちがますます多くの地域で戦略的投資を行えるよう、2015年には資本金1000億ドル規模の「新開発銀行（NDB）」を設立している。BRICSの新銀行は、単独ではアメリカのグローバル金融システムに対する支配権を脅かす力がない。だが、それに中国の国家開発銀行、ブラジル開発銀行（BNDES）、そして数を増す地域金融機関を合わせると、世界の借り手が（しばしば痛みを伴う）政治的・経済的約束と引き換えに、ローンを供与する西側の貸し手に対して、もはやかつてのように頼らなくて済むようになっている。2013年に世界銀行は526億ドル相当の資金を供与したが、同じ年にブラジルのBNDESは880億ドル相当、中国の国家開発銀行は2400億ドル相当の資金供与を行ったのだ。[12] もう一つ、アメリカの国際影響力の低下の指標になるものとして、中国が世界最大の貿易国となっていることがある。信頼できる最新の統計によると、2012年、アメリカとの貿易量が中国との貿易量を上回る国は76カ国だったのに対して、中国との貿易量のほうが多かった国は124カ国に上った。[13]

一方、アメリカ国民が、自国政府の国際的影響力の低下を気にしていないように見える側面もある。ピュー研究所が2013年12月に行った世論調査によれば、回答したアメリカ人の過半数が、アメリカは「国際的に自分のことだけに構っていればいいのであって、他国には自分でできるだけのことをやらせておけばいい」という意見を選んでいる。この質問をするようになってから50年間で初めてのことだった。それに反対したのは38％に過ぎなかった。これは歴史的趨勢から二桁台の変化だ。また8割の人が、アメリカは「あまり国際的に考えるのではなく、もっと国内の問題に集中すべきだ」という意見に賛成した。真の競争がある選挙が行われる国では、しっかりした国民の支持がなければ、いかなる大統領も高価で野心的な外交政策を維持することができない。そしてアメリカには、もはやその支持が存在しないのだ(14)。

アメリカほど多くのパートナー、友邦、同盟国がある国はない。中国とロシアには、ご都合主義の仲間しかいない。だがアメリカ政府は、国際的な負担を共有するよう同盟国を説得する力を自ら損なってきている。イラクおよびアフガニスタンにおける戦争、グアンタナモ湾の収容所、そして他国領内で行っている無人機攻撃は、アメリカの政策を支持するように他国のリーダーが自国民を説得するのをより難しくしており、アメリカのスパイ機関がさらに拍車をかけている。それは、ヨーロッパに限ったことではない。アメリカの大統領がドイツやブラジルの大統領に対して、なぜアメリカのスパイが自分たちの電話やメールを傍受しているのかを説明しなければならない状況は、独裁者がその国民を監視していることを批判するのを難しくしているのだ(15)。

だが、アメリカそのものが衰退しているわけではない

アメリカ国民にとって耳寄りなのは、アメリカの外交政策は衰退しているが、アメリカそのものが衰退しているわけではないことだ。

国民経済の実力をしかるべく位置づけてみよう。1人当たり国民所得は中国の8倍以上だ。世界最大の財・サービスの輸出国だ(16)。そして、世界最大の食料輸出国だ(17)。アメリカは、〝何を成し遂げたか〟ではなく〝これから何をするのか〟を大事にする企業家精神に満ち溢れている。ダイナミックな

経済の生命線である実に効率的な資本市場を擁しているし、他のどの国より技術的イノベーションの能力が高い。元国家安全保障担当大統領補佐官のトーマス・ドニロンが２０１４年４月にカンザス州立大学で行った講演の次の言葉がこのことを的確にとらえている。「株式の時価総額で見た世界のテクノロジー企業上位８社までが、アメリカに本社を構えています。*また、３Ｄプリンタ、人工知能、ナノテクノロジー、クラウドコンピューティング、ロボット、ビッグデータ、材料科学といった驚異的な革新技術の最先端では、アメリカの企業家、アメリカの企業が先頭に立っています」。２０１４年における世界の研究開発費のうち、３割以上に当たる約４６５０億ドルがアメリカ国内で支出されたが、(18) これは将来の強みの源泉だ。

そのアメリカのイノベーション能力が最もはっきりとうかがえるのが、エネルギー生産だ。あらゆる大統領選挙演説で、アメリカが「外国の石油に依存することの危険」に触れていたのは、そう遠い昔ではない。(19) だが、今は違う。アメリカ企業が化石燃料の生産方法を一変し、世界に永続的な影響を及ぼすエネルギー革命を起こしたのだ。フラッキングとも呼ばれる水圧破砕法が、かつては貫通不可能だった岩層に閉じ込められていた原油の抽出を可能にした。そして水平掘削技術の進歩が、その収益性を大幅に高めている。

結果として、アメリカのエネルギー生産の歴史的な急増と、石油輸入依存度の急激な低下が起きている。近年では天然ガスの価格も劇的に下落しており、しかもこうした変化は始まったばかりだ。２０１０年代末までにアメリカは、消費する石油の半分近くを国内生産し、８割以上を北米や中南米から調達するようになる。[20] 2020年には世界最大の産油国になっているかもしれないし、2035年までには、ほぼ完全にエネルギーを自給できるようになっているかもしれない。[21]

この革命は偶然の産物ではない。新しいアイデアや技術は、私企業が手ごろな条件で資金調達ができて、政府が石油埋蔵量の豊富な土地を「国益のため」にと簡単に国有化してしまうことのない確実な法制度の下で、激烈な競争によって絶えず再活性化されているアメリカの石油産業の産物だ。アメリカは、経済活動に必要なエネルギーを、不安定な地域の不安定なパートナー、特に中東にさほど依存せずに済むようになる。政策決定者としては、重要な同盟国との関係を固めるために、この新たな埋蔵石油資源の一部を輸出に回すことも十分考えられる。

もう一つ、重要な強みが挙げられる。時間はアメリカに有利に働くのだ。ヨーロッパ、日本、中国がいずれも急速に高齢化している中、アメリカは有利な人口動態を抱えている。1980年における年齢の中央値、すなわち人口をちょうど半分に分ける年齢は、中国が22・1歳、アメリカが30・1歳、日本が32・6歳、ドイツが36・7歳だった。それが2013年には、中国が35・4歳、アメリカが37・4歳、ドイツが45・5歳、日本が45・9歳に上がっていた。国連のある研究は、2050年にはアメリカでは40・6歳、中国では46・3歳、ドイツでは51・5歳、日本では53・4歳になると予測している。つまりアメリカは、主だった経済上のどの競争相手よりも労働人口の割合が大きく、年金

＊その後、中国の電子商取引グループのアリババ集団がトップ入りしている。

生活者の割合が小さいことになるのだ。[22]

アメリカは、子供たちがグローバル化する市場の要求に応えられるよう、もっと努力しなければいけない（この点については、のちほど詳しく述べる）。だが、高等教育となると話は違う。世界のトップ研究大学20校のうち、17校がアメリカにあるのだ。[23] だからあれだけ多くの外国の政界・経済界のリーダーたちが、今なお子弟をアメリカの大学や大学院に送り込んでいるのだ。アメリカに来ようとしているのはエリートばかりではない。移民がアメリカを目指すのは、これ以上いいチャンスを与えてくれる国が他にないからだが、その過程で彼らはアメリカに若さと力を補強してくれる。移民制度には改革が必要だ。ドニロンらが指摘しているように、「アメリカの大学において、科学、技術、工学、数学で修士号または博士号を取る人の40％が、アメリカにそのままとどまる手段を持たない外国人」だ。この問題を解決すればアメリカは真にグローバルな労働人口を構築できる。

これだけの強みがあるからといって、アメリカを再活性化するためにできること、すべきことがたくさんある事実に目をつぶってはならない。だがアメリカ政府が、アメリカの国際リーダーシップを回復しうる土台を提供しているのもまた事実だ。もっとも、それをアメリカの国民が望めばの話だが。

＊＊＊

次期大統領は、多くの込み入った国内的課題を引き継ぐことになる。アメリカの企業に雇用創出を促す、移民政策についてリベラル派と保守派の妥協点を見出す、多様な学童・学生のニーズを満たす教育改革を計画する、税制のあり方を見直す、国内経済の需要を賄いながら友邦のアメリカのライバル国へのエネルギー依存を緩和するエネルギー政策を形成する、政府債務を処理する、そして左右の対立を緩和するなどだ。ただし、いずれも新大統領がアメリカを強化する外交政策を追求するのを妨げることはできない。新大統領は、現実の選択肢を持つのだ。

その選択肢を見ることにしよう。第一に、もはやスーパーパワー外交が無意味になっているという議論がある。ユーチューブで「Marine Corps Commercial: Toward the Sounds of Chaos（海兵隊コマーシャル：カオスの響きに向かって）」と検索すると、迫力ある60秒の映像を視聴できる。水平線に立ち上る煙と混乱、恐怖の禍々しい物音に向かって、完全装備の米海兵隊が疾走していく。重厚なナレーションが「カオスの響きに向かって進む者もいる。いつでも直ちに対応する用意がある。そして時至れば、圧政、不正、そして絶望の響きに向かって真っ先に突き進む」と語る。

これはアメフトの試合をテレビで見ている若者に向けた勧誘手段として、巧みに制作されたコマーシャルに過ぎないが、世界におけるアメリカの役割についての議論を（ある人たちに言わせるとあまりにもしばしば）導く理想のスーパーヒーロー像を見事にとらえている。だが、圧政、不正、絶望の被害者にたどり着いたところで、我々は何をすればいいのだろうか。いったん、消火した後は彼らの家屋を建て直すのか？　学校や病院は？　彼らの政府を再建するのか？　悪い連中はどうする？　すべてやり遂げるのにどれだけの時間と金がかかるのか？　我々は世界の消防隊ではない。

世論調査では、政府は他国の問題に費やす時間を大幅に減らして、真のアメリカの可能性をフルに発揮するほうに使うべきだ、と回答するアメリカ人が増えている。イランやアフガニスタンの再建には十分に時間を費やしたのだから、両国が自立すべき時が来たのだと彼らは強調する。もう我々の安全、財政、そして自信を脅かすような〝国外の責任〞はいらない。アメリカ自身に投資しよう、拙い計画に基づく高リスクの対外政策に使う税金を減らそう、そして世界に向けて道徳的な高みから呼びかけるのではなく、良い手本の威力を通してそれをしようというわけだ。この意見には納得できる点が多くある。

だが、単に引きこもるだけでは世界の諸問題が我々を放っておいてくれない、と強調する人もいる。海外におけるアメリカの利益を追求し、それを守るためにできること、すべきことがあるというのだ。現在の戦略の主な欠点は、現実的な優先順位《プライオリティ》がないこと、私たちがその場しのぎで外交政策をつくれると考えていること、そして政策が国内のニーズよりも世界のニーズに合わせて計画されていることだ。世界をアメリカのような姿に作り替えるという愚かな計画に、これ以上多くの金と命を無駄使いすべきでない。必要なのは、アメリカをより安全で豊かにする外交政策であって、他国が民主主義や法の支配を確立できるよう手を差し伸べることではない。中国のリーダーたちは自らの価値観を輸出しておらず、自国の利益を推進し、守っている。アメリカ政府も同じことをすべきだ、というわけだ。この意見もまた、かなり説得力がある。

さらに、ネットワーク化された現代社会においては、安全でない世界でアメリカが本当に安全でいられると思うのは、無邪気で危険な考えだと警告する人もいる。すなわち、安定したグローバル経済なくして、アメリカで雇用機会を作り出し、経済成長を遂げることはできない。そして、そのより良い世界を推進するために、アメリカは他のどの国より多くのことができる。そのうえ、米軍が引き揚げた後に残るのは、アメリカの経済力でも軍事力でもなく、アメリカの価値観だ。価値観こそが彼らを自立させるのだ。彼らも、アメリカ政府は財政を立て直して、アメリカをより強くする投資を行い、世界中でアメリカの利益を追求していくべきだと主張する。ただ、国内で永続的な力をつくり出すには、世界から身を引く、もしくは民主主義、言論の自由、法の支配、貧困や恐怖からの解放こそが世界に平和と繁栄をもたらすという我々の信念を捨てなければならない、と考えるのは近視眼的な者の見方だという。この意見にもまた、長所がある。

アメリカの国民には現実的な選択肢がある。アメリカは、その気になれば世界の警察を務めることができる。すべての街路を警備することはできないし、すべての悪者を倒すこともできないが、世界のあらゆる地域で軍事的・経済的な影響を与える中心的な役割を果たすことならできる。アメリカ人が信じている価値を推進し、守ることができる。あるいは、アメリカを第一とし、アメリカをより安全で豊かにする計画にのみ生命を危険にさらし、アメリカの資産を費やす野心的な外交政策を立てることもできる。あるいは、国際的には自分たちのことだけを気にかけ、他国にはそれぞれ自分でできるだけのことをしてもらい、国内の再建に投資することもできる。

どれが正しい選択なのか？　アメリカ国民が本当に望んでいるのは何なのだろうか？　アメリカのリーダーたらんとする人が直面する問いで、これ以上に重要なものはない。

第2章
矛盾する冷戦後の外交政策

アメリカの外交政策がいかなるものであるのか、
冷戦が終わって以来、明確に打ち出されたことがない
――ジム・ウェッブ元上院議員（2014年10月5日）

若いことはすばらしい。それは間違いない。だが30歳以下の人は、冷戦が終わったあの嵐のような歓喜を肌で感じる幸運を逸した。ドイツ人がベルリンの壁の上でシャンパンを手に踊り、その奇跡を眺める喜び、ヨーロッパ全土を包み込む純粋な歓喜、旧共産圏でよみがえるより良い生活への希望、アメリカの勝利感、無限の可能性、そして「世界が歴史から目覚めるのを見つめる」*感動を、今の若い世代は体験していない。1989年から1990年にかけては、起こるはずのないことが一度にすべて起こった。そして、この希望の津波から生まれたのが「新世界秩序」という言葉だったのだ。

皮肉なことに、冷戦後の可能性を形容するこの言葉を初めて使ったのは、ソ連のミハイル・ゴルバ

＊1991年に発売されたイギリスのバンド、ジーザス・ジョーンズのヒット曲「Right Here, Right Now」の歌詞。

チョフ大統領だ。1988年12月に行った国連総会の演説で「さらなる世界の進歩は、全人類のコンセンサスを追求し、新世界秩序へと動いていくことによってしかあり得ない」と述べ、さらに「全世界秩序を民主化することが、強力な社会的・政治的な勢いになっている」と語った。[1] ゴルバチョフの軍縮および協力に関する大胆なビジョンによって、新たにアメリカ大統領に選出されたジョージ・H・W・ブッシュ（父）は対応を迫られた。ブッシュは第一次湾岸戦争へと向かう1990年9月11日に開かれた連邦議会の演説で次のように答えた。

この混沌とした時代から……新世界秩序が生まれることは可能です。……人類は、百代にわたってこの平和への幻の道を探ってきました。そして、その間も千に及ぶ戦争を、人類のあらゆる企図にわたって繰り広げてきたのです。そして今日、ついにその新世界が生まれようとしています。それは、我々が慣れ親しんだ世界とは大きく異なる世界でしょう。法の支配がジャングルの掟に取って代わる世界、各国が自由と正義について責任を分かち合うことを認める世界です。[2]

今となっては馬鹿馬鹿しいほど仰々しい言葉だ。しかし、冷戦終焉の余韻の中でアメリカとソ連のリーダーが肩を並べると、多くのアメリカ人がそれまであり得なかったことを夢見て、「そうしようじゃないか」と口をそろえるのであった。5カ月後にサダム・フセインをあっという間に打ち破ったことでますます意気揚々となった。大統領は、「これでベトナム戦争症候群とは完全におさらばです。

ベトナム戦争の亡霊は、アラビア半島の砂漠の下で永遠の眠りについたのです」と宣言した。そして支持率は89％へと急騰した。

ブッシュとブレント・スコウクロフト国家安全保障担当補佐官は、1998年の共著 *A World Transformed*（一変した世界）で、「新世界秩序」をさらに詳しく定義した。その「前提は、イラク危機が示したように、アメリカは今後かつてない度合いまで国際社会を主導していく責務を負っており、国益を追求するに当たって可能な限り友邦および国際社会との協力という枠組みの中でそれを行うように努めるべきだというもの（だった）」[3]。これは1990年に提示されたビジョンよりはつつましいものの、アメリカには世界をより明るい未来へと導いていく責務があることを強調する点は変わっていない。

アメリカの深刻な景気後退、変化を求める国民の意識、攪乱要因としての第三党候補ロス・ペローの投票結果へのインパクト、そしてビル・クリントンの恐るべき政治的才能が相まって、1998年にブッシュの政治生命に終止符が打たれた。しかしそれも、世界におけるアメリカの役割を導くという楽観主義にとって、大したブレーキにはならなかった。

ビル・クリントン

アーカンソー州知事だったビル・クリントンは、自分が優れた地政学的戦略家だという風には有権者に売り込まなかった。外交政策に関する彼の知識、そして関心は限られていたし、もし国民が国際政治に精通する大統領を求めていたのなら、ブッシュ（父）が難なく再選していたであろうことも十分承知していた。

1945年、全ヨーロッパで銃砲が鳴りやんでからほんの数週間しかたっていないイギリスの総選挙で、政府に対して再建と雇用創出を渇望する国民が、戦争の英雄であるウィンストン・チャーチルから社会主義者のクレメント・アトリーに乗り換えたように、冷戦が終わり、景気後退に疲れたアメリカ国民は、冷戦の闘士かつ外交の専門家であるブッシュと、アメリカ経済の復興に「レーザー光線のように狙いを絞る」ことを約束したクリントンとを取り換えたのだった。* クリントンは就任演説で、「私たちはもっと国民に、国民の雇用に、国民の未来に投資しなければいけません。同時に、膨大な財政赤字を削減しなければなりません。また私たちは、あらゆるチャンスを捉えて競争しないと世界においてそのことを成し遂げないといけないのです」と警告した。

退任を前にした共和党のジョージ・H・W・ブッシュ大統領と民主党優位の議会は、軍事支出の大幅な削減を約束した。そして1994年の選挙後も、民主党のビル・クリントン大統領と共和党優位の議会が削減策を延長することに合意した。目的は「平和の配当」を作り出すことであって、それは冷戦の終結によって節約できた支出を国内課題に充て、連邦予算から赤字をなくし、所得税を低く保つために使うことができるものだった。(4)

しかしクリントンは、国内に集中しているにもかかわらず、アメリカのパワーについては冷戦後の野心的な考え方を受け入れた。だからこそ就任演説で、「アメリカは、自分たちが多大な貢献をした世界を引き続きリードしていかなければなりません。国内で再建を行う間も、私たちはこの新世界の各課題を前にしてひるまないし、チャンスをつかむのを怠らないのです」とも論じたのだった。国内に投資し、世界を引き続きリードする。そうしようじゃないか。75年の間に3度の大きな紛争で決定的な役割を果たした国なら、好きなようにできるはずではないか。

だが、冷戦後に登場した初の米軍最高司令官であるクリントン大統領が、アメリカの抱える問題に手を付けるまでにそう時間はかからなかった。まずソマリアでの災難があった。ここでは飢えと無政府状態に対する戦いが地元の将軍たちとの激烈な銃撃戦、そして米軍にとって屈辱的な後退へと変わっていったのだった。すなわち、ソマリアで反目していた諸部族が1991年にモハメッド・シアド・バーレ大統領を排除すると内戦が勃発、国内の農業と食料供給の相当部分が破壊された。アメリカが関与したきっかけは、30万人以上のソマリア人が餓死し、国際救援物資のほとんどを地元の実力者を頭目とする武装私兵集団が奪い、武器と引き換えに国外で売りさばいているという国際メディアの報道だった。ブッシュ大統領は1992年8月に「救援供給作戦」をもって応え、ソマリア人に食料と医薬品を配布するために兵士を送り込んだ。その後アメリカは、数週間にわたって国際的な連

＊チャーチルは、1951年に再選して、アトリーに政治的復讐を遂げた。だがブッシュの場合、2000年に自分の息子が、クリントンの副大統領だったアル・ゴアを破るという間接的な満足しか得られなかった。

合を率いて大量の食料と医薬品を供給したが、数々の私兵集団の間で内戦が激化したため、人道的な危機はひどくなる一方だった。

1992年12月には「救援供給作戦」がはるかに野心的な「希望回復作戦」に取って代わられ、アメリカが国連決議を受けた多国籍軍の指揮を執ることになる。1993年3月に開かれた和平会議によって、ソマリアで戦っている諸勢力間の停戦合意に至ったが、数週間後には私兵集団の頭目の一人モハメッド・ファラー・アイディード将軍が戦闘停止を利用して自らの集団の強化を図っていることが明らかになった。再び血が流れ、アイディードの攻撃で連合軍にも死傷者が出始めた。7月12日、クリントン大統領はアイディード殺害を狙った空爆という形で攻撃をエスカレートさせた。だが、将軍には危害を加えそこない、数十人の無関係な人々を殺害し、ソマリアの首都モガディシュの住民感情は米兵に対する反感へと変わってしまった。

のちに小説や映画にもなった『ブラックホーク・ダウン』で再現された10月初めのモガディシュの戦いで、アメリカ主導の連合軍から米兵18名、パキスタン兵1名、マレーシア兵1名、そして何百人ものソマリア人の死者が出た。アメリカの国家安全保障にとって何ら明確な意味を持たない戦闘でこれだけ死者を出したところで、クリントンは米兵の段階的引き揚げを命じた。

クリントン政権は、国際部隊の自由な行動を邪魔するような実効性のある現地政府がないところのほうが、平和維持活動が成功する可能性は高いと想定していた。だがソマリアの無政府状態は、PKO活動に正統性を与えられる権威が現地に存在しないことを浮き彫りにした。さらに、ソマリアに秩序をもたらすために割いた部隊には、その任務を適切に遂行する準備ができておらず、またアメリカ国民がよく理解していない作戦活動に対する支持がまずいことになった場合には、雲散霧消してしまうことに気づいていなかった。

クリントン陣営はまた、地元の部族リーダーたちからの脅威に加えて、まだ揺籃期にあったアルカイダ率いるテロリストからの挑戦、すなわちアフガニスタンでソ連と戦いながら身に着けたスキルをアメリカ兵の殺害に使うよう、ソマリア人を訓練した手合いからの挑戦があることに気づいていなかった。私兵集団の頭目と聖戦主義者がのさばるアフリカの国で、アメリカ主導の場当たり的な軍事行動でも速やかに秩序を回復できるだろうというクリントン政権の思い込みが、1998年にアメリカ人12名を含む234名の死者を出したケニアおよびタンザニアのアメリカ大使館に対する攻撃や、2000年10月にイエメン沿海で死者17名を出した米艦「コール」に対する自爆攻撃を、アルカイダに決意させたのかもしれない。そして、これらの攻撃が2001年の9・11同時多発テロへとつながっていったのだ。クリントン大統領は、敵もその能力も理解しないままに、アメリカを軍事的関与にコミットさせてしまった。その反動は、今なお続いているのである。

クリントン大統領が外交政策上でまずい判断を下した第2の例は、冷戦の結末から直接生まれた。ブッシュ（父）政権はゴルバチョフ大統領に対し、1990年にドイツ統一をソ連が支持する見返りとしてNATOがソ連のほうに向かって「1インチ」たりとも拡大しないと約束したのだろうか。(5) もしそうだとしたら、アメリカ政府は、ビル・クリントンが1999年にソ連の旧同盟国であるポーランド、ハンガリー、チェコ共和国のNATO加盟を支持したときにその約束を破ったことになる。2004年にはブッシュ（子）大統領が、ルーマニア、ブルガリア、スロバキア、スロベニア、そして旧ソ連共和国のエストニア、ラトビア、リトアニアの加盟に賛成したときに、再び破ったわけだ。だが〝約束を破った、破らない〟という議論は、ことの本質から外れている。アメリカおよびその同盟諸国が1990年にゴルバチョフに何と言ったにしろ、NATO拡大はまずいアイデアであって、当然まずい結果をもたらした。もはや明確な使命を持たなくなっていた同盟関係を拡大して、アメリカの戦略的思考をいっそう混乱させてしまったのだ。

ソ連なき後のロシアが、アメリカ政府とその意図を理解してくれる、もしくは冷戦後のアメリカの支配力によってロシアは理解せざるを得ないだろう、と思い込んだのは間違いだった。このロシアに対する楽観的な見方によると、ロナルド・レーガンとミハイル・ゴルバチョフが冷戦最後の日々において行った重大な判断が、ビル・クリントンのアメリカとボリス・エリツィンのロシアが刎頚《ふんけい》の友にしていい飲み友達になることを可能にしたというわけだ。

冷戦後の最も大きな課題は、ロシアの強さに対応していくことではなく、その弱さ、低迷する経済、内部対立、そして新しいアイデンティティの探求に対応していくことだ、とアメリカ国民は言い聞かされた。そしてしばらくの間、それは正しかった。セルビアはロシアの伝統的友邦だったが、1998年にユーゴスラビアの紛争に介入した欧米に攻撃されるセルビアを目の前にしても、エリツィンには為す術もなかった。クリントンは、エリツィンを安心させるために、ロシアに対してG7に参加するよう手を差し伸べた――あたかも月曜日に相手の横面をひっぱたいておいて、火曜日にはハグして再び懐柔できるとでも言うかのように。

またエリツィンは、NATO拡大の第1ラウンドを止めるようクリントンを説得することもできなかったし、プーチンもブッシュ（子）が第2ラウンドを止めるよう説得できなかった。アメリカと同盟諸国がNATO拡大を推し進めたのはおそらく、ロシアの古い癖はなかなか治らないが、冷戦が終わり、NATOがもはやロシアに対する脅威ではなくなり、またロシア政府としてはこの屈辱を受け入れるほかないことを理解すると思ったからだろう。

だが、ロシアもいつまでも弱いままではなかったし、多くのロシア人は勝ち誇るアメリカに対して、エリツィンほど寛大にはなれなかった。世界銀行によれば、プーチンが初めて大統領に選ばれた2000年、ロシアの1人当たりGDPはたったの1772ドルだったが、2013年には主として石油価格の高騰とそれによる国家収入の増加のおかげで1万4600ドルを超えた。(6) GDPの上昇とともに、プーチンの人気も上昇した。クリントン――およびブッシュ（子）――がNATOを全速で拡大して、ロシアに冷戦の敗北を思い知らせようとしている、ロシアにはアメリカのさらなる攻勢を退けられるリーダーが必要だ、とプーチンが国民を説得するのを容易にした。プーチンの反米主義は、高い支持率の源泉であって、彼はそれを利用して新たな強権体制をロシアに作ったのだ。(7)

クリントン大統領が、アメリカ政府の世界観を受け入れるよう他国の政府を説得することについて、自分の能力を過大評価した3つ目の重要な例がある。アメリカにとって何よりも重要な対中関係について、業績を2つ挙げたことは誇っていい。第1は、中国に「恒久通常貿易関係」上の地位を与えることを連邦議会に受け入れさせ、米中貿易に関して毎年議会で繰り広げられる政治的に有害な論争に終止符を打ったこと。(8) 第2は、中国を世界貿易機構（WTO）加盟に導いたことで、中国政府が米製品の関税を引き下げ、アメリカのサービス業に対して中国市場を開き、すべてのWTOルールを順守することを義務付けられた点だ。これらは真の業績と言っていい。だが、クリントンは自分が取った方針を正当化するために、貿易を増やすことが中国国内で深甚な政治的効果を発揮すると論じた。彼は1996年に「民主主義が世界の貿易を安全にし、貿易が世界の民主主義を安全にする。双方向にも効いている」と述べた。(9)

もしクリントンが、アメリカや他の外国企業のために機会を開こうとしていたのだったら、成功したと言える。それは重要なことだ。だが経済開放を進めれば、中国共産党が中国経済で直接果たす役割が小さくなるとか、経済が変われば中国内で法の支配が強化され、結果として中国国民の人権をもっと大事にするとか、アメリカの外交政策に対してより協力的な態度を示し、近隣諸国に対してもっと寛大なアプローチを取るとか、西洋的な民主主義に向かうなどと思っていたのなら、それは誤算だった。彼は、経済的変化が中国国民を強くし、その分政府を弱くするという効果をかなり過大評価していた。そして、もしそんなことを信じておらず、単にビジネス上の利益という側面の支持を増やすためだけにそういった議論をしていたのだとすれば、アメリカ国民に対して中国についてもっと正直であってしかるべきだった。

大統領候補としてのビル・クリントンは、有権者が冷戦の勝利を契機に、政府が国内の優先課題に集中することを望んでいると理解していたようだった。そして、「バカ、大事なのは経済だ」がアメリカ近現代史上、最も有名な選挙スローガンの一つになったのだ。[10] だが、そのクリントンがソマリアの一件で、まるで道徳的憤慨と苦難を和らげたい一心で、政府として理解していないとわかっているはずの紛争に兵士を送り込んでしまったと言わんばかりだった。そしてソマリアからの撤退はある意味、テロリストをつけあがらせることになった。少しの努力とクリエイティブな計画さえあれば、アメリカをもっと簡単に追い込める。それも、1989年にアフガニスタンからソ連を追い払ったよりも速やかに退却させられるのだ。彼は将来、エリツィンをしのぐ人気を誇る大統領が、ロシア国内における人気、そして反欧米姿勢の体現者としての評価を高めるのに、アメリカの新世界秩序を利用できることを理解しなかった。また、中国経済の対外開放が強権的支配を弱体化するのではなく、強化することも予想しなかった。

外交政策上の失敗は失敗として、クリントンは驚くべき好景気の中で大統領を務めた。アメリカ経済は任期中の8年間で2300万人もの新しい雇用を作り出した。失業率は7・3%から、歴史的にも異例な4・2%まで改善した。貧困率は15・1%から11・7%に下がっている。[11] 任期が終わりに近づいても、外交政策の近視眼的な過ちは、まだ完全には露呈していなかった。

しかし、ホワイトハウスを悩ませたスキャンダルが、2000年に変化への扉を開く。ジョージ・W・ブッシュが、統制のとれた効果的なキャンペーンに打って出たのだ。

ジョージ・W・ブッシュ

大統領候補としてのブッシュ(子)は、外交政策について説得力のある主張した。2000年10月の大統領選挙ディベートで「もしアメリカが傲慢にふるまえば反感を買う。だが、たとえ強くても、謙虚にふるまえば歓迎される。アメリカは、パワーという点では世界の中でも卓越しているが、だからこそ謙虚にふるまいつつ、しかも自由を推進するようなやり方で力を使わないといけない」と述べた[12]。また、「私はアメリカ兵を、いわゆる国造りに使うべきではないと思う。戦争で戦って勝つために使うべきだ」とも述べている[13]。さらに、別の機会には「国造りと軍隊を同じセンテンスの中で使う人物を、私は憂慮している」とも宣言した[14]。

ブッシュがこう語った時、それが彼の本音であったことを疑う理由はないし、2000年当時、大勢のアメリカ地上部隊を引きずり込むような大きな紛争が起こる兆しもなかったので、こうした(国民受けのする)意見を口にする余裕もあった。ブッシュ政権の当初の試練といえば、米中の軍用機の空中衝突をめぐる外交上の騒動、そして政治的にも大きな論争を呼んだ幹細胞研究に連邦政府の資金を使うことについての決定だけだった。

だが２００１年９月11日、減税政策に専念しようとしていたブッシュ大統領は震度10の国家安全保障上の大地震に遭遇した。レオン・トロツキーの言葉を借りれば「あなたは戦争に関心がないかもしれないが、戦争はあなたに関心がある」。そしてジョージ・Ｗ・ブッシュほど、この言葉を理解している人はいない。

９・11同時多発テロの後、ブッシュ大統領は定義のはっきりしない、終わりの見えない「テロとのグローバルな戦い」、顔の見えない敵を押さえ込む戦いにアメリカをコミットした。２００２年のディック・チェイニー副大統領による「財政赤字など問題ではない」という有名な言葉のとおり、コストは度外視された。ビル・クリントンがアメリカの力の限界を認識できなかったのは、冷戦後の昂揚感の産物だったが、ブッシュ大統領がアメリカの限界を受け入れられなかった、あるいは受け入れなかったのは、９・11が惹起した恐怖と怒りが、正義と安全保障を追求するためのいかなる行動をも正当化する、という確信に根差していた。

アメリカは、９・11のハイジャック犯によって、世界の中の自らの役割を変えざるを得なくなった。そして、監視の目が行き届かない場所で作り出される脅威にも永久にさらされ続けると、根本的に見方を変えさせられたのだ。彼らの攻撃は、ブッシュ政権の一部の人々に、民主主義に向けてアメリカが歴史に強い一押しを加えるべき時が来たと思わせた。そしてそれは、アメリカの主導権《ヘゲモニー》に逆らったイラクのサダム・フセインのような手合いを中東から排除し、イラクで選挙を行うことによって、中東の他の地域でも民主主義を求める声をあげるよう誘発する計画として結実した。

こうした計画の支離滅裂ぶりに拍車をかけたのは、ブッシュ政権が何十億ドルという財政資金を革命的な外交政策に傾ける一方で、2001年および2003年に合計1・6兆ドルを超える減税策を国会で成立させ、2003年12月には500億ドル以上かかる財政手当てなき処方薬に関する給付金を追加したことだ。(15) それもグローバルな戦争を戦い、地球上で最も不安定な2つの国を再建しようとしているのと同時に。

ブッシュ政権時代の矛盾は、アメリカに対する各国の人々の態度に永続的な打撃を与えた。ピュー研究所は2000年から2008年にかけて「世界の人々の意見に関するプロジェクト」で、54カ国(およびパレスチナ自治区)17万5000人以上を対象に調査を行った。2008年12月の報告は「調査期間がジョージ・W・ブッシュ大統領の任期とぴったり重なったことで、彼がアメリカのみならず、世界全体の関心事項についてどのような影響をもたらしたかを評価することができる」と発表している。そして、「アメリカのイメージギャップこそが、この調査の中心的かつ紛れようもない結論である」と断じた。

特に次のことが際立っている。

海外におけるアメリカのイメージは、ほぼすべての国・地域で打撃を受けている……アメリカの外交政策の重要な要素に関して反対の声が、西ヨーロッパに大きく広がっており、好意的な意見は、ヨーロッパにおける古くからの同盟諸国の間で激減している。回教国においては、アフガニスタン、そしてとりわけイラクにおける戦争が否定的な意見を増長している。いくつかのアジアおよびラテンアメリカ諸国においては好意的な意見のほうが上回っているが、おおむね差が縮まっている。2008年の調査では、アメリカ対する好意的な意見がわずかに増えたが、すべての項目において好意的な意見が上回ったのは、サブサハラ・アフリカのみであった。[16]

アメリカ大統領は、アメリカの国家安全保障が直接脅かされているときには、他国の政府の支持のあるなしにかかわらず行動する義務がある。だが、こうした世論調査に反映されている姿勢には意味がある。なぜなら、国民がアメリカおよびその外交政策に否定的な意見を持っている国のリーダーは、異論を呼びそうな事案について、アメリカ政府を支持しづらくなるからだ。アメリカと台頭する強国との差が縮まりつつある、すべてがつながった危険な世界では、アメリカ政府にも友達やパートナーが必要なのだ。

だが、海外におけるアメリカのイメージに対するダメージ以上に大きかったのは、スーパーヒーロー的な驕りに突き動かされた外交政策が、国内で生み出した敗北感と不満だ。米兵がイラクとアフガニスタンで泥沼に囚われていると、ブッシュ(父)大統領の「ベトナム戦争症候群」とおさらばしたという主張は、愚かにも無邪気だった時代の空威張りのように響いた。ブッシュ(子)大統領が、中国、インドとの2国間関係を改善したのは、いずれも特筆すべき業績である。とりわけ中国の急激な経済的拡大と一次産品価格の上昇が、インド、ブラジル、トルコ、メキシコ、韓国、南アフリカ共和国などの新興国経済をかつてない高みにまで押し上げたとあっては、なおさらだ。また、世界で最も中間層の増加率が高いサブサハラ・アフリカ各国政府との関係を、それまでのどの大統領よりも深めた。

だが、イラクとアフガニスタンにおける高価でもどかしい長期戦が、ブッシュ（子）をアメリカ史上最も野心的な国造りを試みた大統領にしてしまった。２０１４年７月にアフガニスタン復興特別監察官が連邦議会に提出した四半期報告書には、次のように書いてある。「２０１４年末までにアメリカはアフガニスタン復興のため、第２次大戦後にマーシャルプランの下でヨーロッパ16カ国に費やしたより多くの資金（物価上昇率により修正済み）をコミットすることになる」。しかも当時の国民は、戦後の西ヨーロッパを再建する価値を理解していたのだ。[17]

こうして果てしなく高価なコミットメントに疲れ果てたアメリカの国民は、今度は大恐慌以来の深刻な金融危機にあがくことになった。そこで２００８年11月には、何千万人もの有権者が真のニューフェース、過去10年間のまずい選択と悪い判断とは無縁な顔を選んだのだった。ベトナム戦争とウォーターゲート事件にうんざりした有権者が１９７６年、親しみやすく、魅力的な、ジョージア州のピーナツ農家の主をリーダーとして選んだように、２００８年には大政党で黒人として初の大統領候補となった、イリノイ州選出１期目のカリスマ上院議員を選んだのだ。その支持者たちには、アメリカ再生の時がついにやってきたと思えたのであった。

バラク・オバマ

2009年1月、バラク・オバマが大統領就任式に臨んだときには、スーパーパワーとしてのチャンスと限りない可能性という感覚は、とうになくなっていた。新大統領は転落の一途をたどる金融部門、ほとんどの国民の支持を失っている2つの戦争、そしてワシントンにおける新たなスタートへの大きな期待を受けて立つことになった。

オバマの外交政策上の目標はつつましいものだった。それは彼の関心と経験が、クリントンおよびブッシュ（子）同様、主として国内政策に集中していたからだけでなく、アメリカが実力を超えて国外展開しており、そのことを誰もがわかっているからだった。当面の優先課題は、まず害になることをしないことだった。続いて、世界経済を安定させる国際的な取り組みを主導すること、アメリカ経済を再活性化させること、戦争を終わらせること、そして新たな戦争を起こさないことだった。

それ以上のことについては、大統領候補指名を争ったヒラリー・クリントンを国務長官として選び、アメリカの長期的な外交政策の方向性の転換を率いてもらうことにした。その結果が「アジア・ピボット」、すなわち大統領の関心、経済的野心、軍事力を東アジアに振り向けることであった。

この路線変更には多くの理由があった。中国は世界で最も重要な新興国であって、その米中関係が、向こう半世紀にわたって世界がどこまで平和と繁栄を享受できるかを決める要因になる。インドもまた、政治、貿易、投資のパートナーとして途方もない可能性を持つ新興国だ。アメリカの伝統的な同盟国である日本は、依然として世界第3の経済大国であり、東アジア安全保障における役割もますます重要になってきている。韓国、インドネシアといった新しい大国、そしてフィリピンやベトナムのような可能性を秘めた新興勢力が、当該地域の重要性をさらに高めている。北朝鮮は世界で最も先行きが読めない核保有国だが、東アジアにはヨーロッパのような平和を守るのに役立つ地域的枠組みがない。アメリカ、そして世界にとって、多くのことがアジアの帰趨にかかっているのだ。

だがオバマ大統領は、アジアにリスクだけでなく、重要なチャンスを見て取った。中国の経済大国・軍事大国としての台頭に、近隣諸国は強い不安を深めつつあり、中国経済の健やかさと中国政府の善意に頼りすぎることにならないよう、対米関係を円滑にする必要性を高めている。オバマはこの機会をとらえて、経済的ダイナミズムに富む域内諸国との関係を拡大・深化させるとともに、域内の紛争リスクを緩和する、安全保障上の橋頭保《きょうとうほ》を築く用意があるように見えた。また、もし米中双方に大きな利益をもたらす貿易・投資上の結びつきを強め、そして中国の発展が微妙な段階にあるこの時に、東アジアの平和を守る公平な仲介者としての役割をアメリカが望んでいると、オバマ政権が中国のリーダーたちを納得させられれば、アジアにおけるアメリカのプレゼンスを高めることが、中国政府との関係改善にも役立つかもしれなかった。

新大統領と野心的な国務長官が、主たる外交政策の手段として、軍事的圧力ではなく経済外交を選んだのは、前任者たちの行き過ぎから何かを学び取ったことを示すようだった。クリントン長官は新しい戦略を次のように定義した。「我々は、もっと経済を考慮に入れるよう、外交政策上の優先順位を刷新しているところです。……戦略的な課題について経済的な解決方法を求める……ビジネス外交を――私はそれを「雇用外交」と呼んでいますが――活発化させて、アメリカの輸出を増やし、新しい市場を開き、アメリカの企業のために競争条件を平等にする……要するに我々は、パワーの経済と経済のパワー、双方に配慮する外交政策を構築しているのです[18]」

オバマ大統領が軍事力をいっさい行使しないと誓ったわけではない。2009年にアフガニスタンへの「部隊増派」を承認し、2011年にリビアのムアンマル・カダフィを攻め、2014年に破竹の勢いで進撃するテロ集団「イスラム国」をイラクおよびシリアにおいて空爆した。つまり問題によっては、手段として武力の使用を認めることを証明したのだ。しかしオバマは、世界唯一の軍事超大国の最高司令官といえども、ほしいものを手に入れるために武力を使うことには限界があると理解していた。また、東アジア以外の世界を無視するつもりもなかった。ヨーロッパの同盟国との関係を修復すること、イランの核兵器開発を交渉による合意をもって阻止すること、そしてアメリカに対する外国の見方を変えていくことが、いずれも重要な目的であることに変わりはなかった。

だがオバマ大統領は、首尾一貫した外交政策でスタートしたものの、医療保険制度改革と連邦予算をめぐる国内での熾烈な争い、そして、そもそも外交政策への関心が乏しかったことが原因で、容易に注意散漫になってしまうきらいがあった。

2011年に勃発した「アラブの春」は、ホワイトハウスにとってまったくの予想外だった。最終的に民主主義を求めるデモ参加者たちの支持に回ったことは、中東における友好的な強権国家であるサウジアラビアを離反させた。シリアの内戦は、オバマの信用が問題になるところまで彼を引きずり込んだが、結果を左右できるところまでは行かなかった。オバマは、シリアのバシャール・アサドが国内の戦場で化学兵器を使えば「重大な結果」を招くことになると脅しをかけたが[19]、実際に化学兵器を使用したアサドへの攻撃に対する国際的な支持がほとんどないと見て取ると、アサドが残りの化学兵器を廃棄するというロシアが仲介した合意で我慢した。ウクライナ危機は、原理原則を守るという満足感以外、得することが何もないロシアとの対立にオバマを引き込んだ。イスラエルとパレスチナ人の間の恒久的な政治的合意を目的とした交渉は、2014年初めに完全に止まってしまった。その数週間後には、イスラエルとハマス党の間で激烈な争いが勃発し、ガザ地区でパレスチナ側の民間人を含む2000人以上の死者が出た[20]。

もう一つの問題は、オバマは自分の外交政策に対する支持を確保・維持するために、特定の課題に対応するのにどこまでアメリカがコミットしているのかを、繰り返し明らかにしていることだ。その過程で彼は、過去75年間のどの大統領よりも自分の外交政策上の目的を消去法で定義してきた――地上部隊を送り込まない、賄える以上のリソースを投入しない、仲間なしで踏み込まない、という具合に。それを、ありがたい息抜きだと思うアメリカ人もいる。そしてリソースが限られているときに、自ら制約を課するのはまっとうなことだ。しかし、あらかじめそれを公にするのは、アメリカにとって事の成就を難しくするだけだ。

オバマは前任者のようなアメリカの実力行使についての幻想を持っていなかった。だが、次章以降で論じるように、首尾一貫した世界観を欠いていることが、彼をして1期目のよくできた計画へのコミットメントを放棄させ、彼には（いや、いかなる人にも）制御不能な事態への対応を場当たり的なものにさせてしまった。アジアへのピボットの成功は、諸関係の構築に大統領が直接取り組むかどうかにかかっている。その関係は、次世代にわたる安全保障と繁栄を約束してくれるものだ。ところがオバマは、コストもリスクも高いうえに、見返りもはっきりしない一連の国際紛争に巻き込まれてしまっているのである。

また、アメリカ政府の意図について、同盟国、敵、そしてアメリカ国民を混乱させてもいる。危険な世の中をアメリカがリードしていかねばならない、という旨をオバマはしばしば口にしているが、本当にそう思っているのだろうか。それとも、彼の行動が示唆しているように、アメリカはいつリードし、いつリードしないのかを、これまでよりずっと慎重に選択すべきだと思っているのだろうか。それとも、アメリカは一歩下がって他がリードする余地を作り出し、アメリカの強みを内側から再建し、アメリカ政府の最も基本的な外交上の前提を考え直すべきだと思っているのだろうか。

どんな計画も、最初に打ち出すまではいい計画だというのは、軍略の大家カール・フォン・クラウゼヴィッツの警句である。[21] よく練られた計画が事態についていけなくなった大統領はオバマが初めてではないし、最後ともならないだろう。だが、オバマ大統領ははっきりした道筋を選ぼうとしない。それこそが、外交政策に関する彼の最大の失敗なのだ。

大統領候補としてのオバマは、大統領候補としてのクリントン同様、国内の力を強めることに集中すると約束した。大統領候補としてのオバマは、大統領候補としてのブッシュ同様、他所での国造りはアメリカの手に余ると警告した。だが、大統領としてのオバマは、難しい決定を行う手助けとなるいかなる外交政策の枠組みをも採用しなかった。彼の優先順位は、報道の推移によって変わる。レッドライン（越えることを許さない一線）を引いては、なすすべもなく越えられている。そして彼が行った数少ないコミットメントは、アメリカの決意を試すように他をそそのかしてきているが、ホワイトハウスはそれに応える意思がない。

支離滅裂なアメリカ

アメリカは小さな世界を見下ろす巨人だ、アメリカの脅しには誰もが屈し、アメリカの約束は必ず守られるとは、もはや誰も思っていない。アメリカのパワーにも資金にも限りがあるし、世界はますます複雑かつ危険になっている。この先も、アメリカの要望や警告を無視できる外国政府は増える一方だ。四半世紀にわたる、一貫性を欠く外交政策のコストも高まる一方だ。そして国民は、国内の目標に集中することを約束する大統領を選び続ける。

国際危機が起きるたび、皆アメリカの大統領がどう対応するつもりなのか知りたがる。アメリカは、ときには正面から突進する。ときには抜き足差し足で忍び寄る。そしてときには、何もしないで自然と問題が解消されるのを待つ。だが、アメリカの大統領が国民の支持なしに海外で大きなことをできたのは、もはや過去の話になった。そしてその支持、長続きする支持は、どういったコスト、リスク、そして可能性としての見返りがあるのかを率直に評価し、アメリカが世界の中でどのような役割を果たせるのか、また果たすべきかについて、しっかりした判断なくしては得られない。

ベルリンの壁が崩壊してから四半世紀が経った。その間、より多くの国が重要な決定の場に加わるようになった。世界中で何億人もの人々が、新たに中間層の仲間入りをしている。民主主義が広がったが、紛争も増えている。この移行期にある世界では火の手が上がると、以前より熱く、長く燃え盛る。誰が火を消す力と意志を持っているのかが、もはやはっきりしなくなっているからだ。今や、希望も恐れも一緒になって募っていく――アメリカでも、世界中でも。

アメリカの外交政策の支離滅裂ぶりは、ここ25年間、ひどくなる一方だ。我々はどうすればいいのだろうか。

第3章
「独立するアメリカ」
——国益を優先し、安全と自由を確保する

民主主義は、
絶えず築き続けなければならない。
それは決して完成することのない、
終わりが来ることのない事業である
——エドモンド・ド・S・ブルナー

製造される銃の一つひとつ、進水する軍艦の一隻一隻、発射されるロケットの一機一機が、究極的には、飢えているのに食べ物を与えられない人々、凍えているのに着るものがない人々から盗んでいることになります。武装する世界が消費しているのは、お金だけではありません。労働者の汗を、科学者の才能を、子供たちの希望を消費しているのです。新しい重爆撃機1機のコストとは、30以上の都市に新しいレンガ造りの学校を建てるコストです。人口6万人の町を賄う発電所を2つ建てるコストです。充実した設備が整った病院2軒を建てるコストです。道路をコンクリートで50マイル舗装するコストです。私たちは新しい戦闘機1機を、50万ブッシェルの小麦で購っているのです。私たちは駆逐艦1隻を、8000人以上を住まわせることのできる新しい

家々で支払っているのです。これは真の人間らしい生き方ではありません。戦争の脅威という暗雲の下で、人類が鉄の十字架に磔《はりつけ》になっている様です。

ドワイト・アイゼンハワー大統領は、1953年4月16日、ワシントンのスタトラー・ホテルで全米新聞編集者協会を前に行った演説でこのように語った。就任から12週間しか経っていない新大統領は、国民に対する初めての公式演説に「平和のチャンス」*という題を付けた。そして8年後の有名な離任演説では、「産軍複合体」の台頭、そして「巨大規模の恒久的な軍事産業」とその権力の回廊における「不当な影響力」に対する警告を発した。この2つの演説が、米陸軍の最も名高い将軍として初めて国民の注目を集めた大統領の任期の首尾を飾ったのだった。

「平和のチャンス」は、歴史的に重要な時期に行われた演説だった。ヨシフ・スターリンが死んでから6週間が経ち、ソ連で非好戦的なリーダーが誕生するのではないかという期待が高まっていた。朝鮮戦争が膠着状態に近づいていていた。1月にはアメリカが世界初の水素爆弾を披露し、8月にはソ連もそれに続いた。6月にはソ連が労働者の蜂起を押さえ込むために東ベルリンに兵員を送り込んだ。8月にはアメリカのCIAがイランでクーデタを仕組んでモハンマド・モサデグ首相を排除し、12月にリチャード・ニクソン副大統領がテヘランを訪問した際には、イランの市街でデモが数日続き、死者が出た。

アイゼンハワーは兵器のコストを、学校や家、病院で表すことで、ソ連の新しいリーダーたちに対し、両国を破産させる恐れのある軍備競争を放棄するよう呼びかけた。冷戦と、それにかかる莫大なコストは、必然的なものでないと理解するよう促したのだ。

60年以上経った今、冷戦はもはや終わっている。各地域に友邦を持った、意志堅固な敵としての超大国も、核軍拡競争もない。アメリカの存在を国外からまともに脅かせるものが何もないのだ。台頭する中国との間には、深い経済的相互依存関係が存在していることで、両国間の紛争リスクが抑えられている。冷戦時代のアメリカとライバルたる共産圏諸国の間では考えられなかったことだ。今のロシアにとって、アメリカのパワーを掣肘できればうれしいところだが、ソ連のような魅力あるイデオロギーも、強力な同盟国も、広く展開できる軍事力も持っていない。アメリカの敵で連合を組めそうな国がまとまってみたところで勝負にならない。

それなのにアメリカは、競争相手たる可能性のある国をすべてまとめても及ばない多額の資金を軍に消費し続けている(1)。先進的な武器にそれだけ金を使っていれば、政策決定者たちがその費用を正当化し、評判どおり機能することを確認するために公的債務を増やし、何の関係もない危機に我々を巻き込み、いっそう安全保障を損なうような使い道を見つけるのは自然の成り行きだ。さらにまずいことに、9・11同時多発テロは安全保障を目的とする膨大な官僚機構を生み出しており、それがアメリカ人のプライバシーを奪い、友好国との関係に永続的な危害を加えている。

＊演説はユーチューブにアップロードされている。*www.youtube.com/watch?v=nzNbfa1QyYg*

以上の理由から、アイゼンハワーのメッセージがかつてなく時宜を得たものになっている。「注意深く、見識ある市民のみが、防衛のための巨大な軍産機構を、平和的な手段と目的に適合するよう強いることで、安全と自由がともに栄えるのです」と彼は警告している。[2] これこそが、特別な国にふさわしい理想だ。

アイゼンハワー大統領は、債務が長期的に国力を毀損していくこと、そして均衡予算が活力ある経済と強力な軍の双方にとって極めて重要な支えになることも理解していた。任期の最後の年、冷戦が最高潮に達していたにもかかわらず、連邦政府は10億ドルを超える財政黒字を出した。2013年には連邦政府の赤字が6800億ドルに達したが、これでも2012年の1・1兆ドルからは減っていたのだ。私が本書を執筆している今、アメリカの債務は18兆ドルを超えている。

1960年、国の債務はGDPの52%に相当したが、1970年には34%まで下がっていた。ところが、2013年10月17日には100%を突破した。つまり、国の債務がアメリカの生み出すすべての付加価値より大きいのである。アメリカの借金を計るにはいろいろな方法がある。じわじわと進行する破綻の原因には軍事支出以外にもいろいろあるが、9・11以降の10年間に安全保障および軍事目的の支出が120%近く増えたという事実を見過ごすわけにはいかない。そして大統領にも議会にも、民主党にも共和党にも、この問題を大きくしてきた責任がある。

次のアメリカ大統領候補たちが、選挙運動で全国遊説や討論会でのディベートを行う際には、彼らが世界におけるアメリカの役割について何と言うか、注意深く聞いてほしい。責任を口にするが、そのコストに触れない手合いは要注意だ。彼らの外交政策上の約束を、アメリカの学校、家、病院、そして納税者の懐に残っていたかもしれないお金で計ることにしよう。アメリカに世界の警察官を務める余裕があるという手合いにはノーと言おう。

新たな独立宣言の時が来たのだ。他の皆の問題を解決する責任からの解放宣言だ。アメリカ国民には、安全と自由がともに栄えることができるという命題を堅守する政府を有する権利がある。もはや国内において価値観を損ない、我々の力や資源を消尽し、我々を関係のない戦に引きずり込み、我々の民主主義の核心を脅かすような海外のお荷物を背負い込むことはできない。この独立の精神は、利己的ではない。臆病でもなければ、負け犬でもない。アメリカ国民が、世界の進むべき道のお手本となるような繁栄と安全を誇る国を作り出す基盤となるのだ。

哀れな納税者

世界の警察官を務めるのは厳しい仕事だ。「自由世界のリーダー」を自負するアメリカ大統領としては、ずいぶんと多くの他人の悩みに気を配らないといけない。

今週ロシアがいじめているのは、どの旧ソ連仲間だろうか。今度、北朝鮮がミサイル発射実験を行うのはいつだろうか。イスラエル、パレスチナともに望んでいない合意に双方を確実に調印させたり、1937年に誰が誰に何をしたか日中間で何らかの合意に至らしめたりすることが、アメリカの責任なのだろうか。両国が東シナ海で争う岩塊のことで武力衝突しないよう介入する必要があるのだろうか。たしかに歴史問題は大事だ。しかし、それは彼らの歴史問題であって、我々の歴史問題ではない。ベネズエラがコロンビアの反政府軍に武器を売却しているのか。ソマリアの海賊がインド洋で貨物船を攻撃しているのか。カンダハールは大丈夫か。カシミールは落ち着いているか。マリで聖戦主義者たちが進撃しているか。シリアの独裁者が国民を殺害しようとしているか。

何かすべきではあろう。だが、もしこれらの懸案に関して何かするという道義的責任を受け入れるのであれば、スーダン、シエラレオネ、そして中央アフリカ共和国で現地の実力者が同じ轍を踏まないと請け合う義務を負うのではないか。核兵器を保有するようになった北朝鮮はどうする。この責任を果たすには、いくらかかるのだ。これらのうち、どの負担を受け入れ、どれを無視するのか、いかなる道義的な基準で決めるつもりなのか。アメリカの納税者とは哀れなものだ。

だからといって、友邦がアメリカの支援に満足するとも限らない。ロバート・ゲイツ元国防長官の回顧録にある、イランに関するサウジアラビア国王とのやり取りを見てもらいたい。

〔サウジ国王の〕アブドラは、イランの核施設だけでなく軍事施設一般に対する全面的な軍事攻撃を望んだ。もしアメリカが攻撃しなければ、サウジアラビアが『自らの利益を守るために自分たちの方法でやらざるを得ない』と警告した。……彼は、湾岸地域、そしてより広くは中東におけるサウジアラビアの立場を守るために、アメリカがその子女をイランとの戦争に送り込むことを要請していたのだ。……アメリカ人に血を流すことを要請しながら、サウジアラビア人の血を流す可能性には、いっさい触れなかった。中東でアメリカが弱いと見られている、ということを延々と語った。彼が話せば話すほど、私は腹が立ってきた。(3)

アメリカの納税者は2012年度、186カ国に対して合計420億ドルの援助を行った。(4) この援助を受ける多くの国が、それぞれ独自の目的を追求しながら、アメリカ政府には自国の安全を保障してもらいたがっている。パキスタンは、2013年度に経済援助として8・34億ドル、治安維持システムのために3・61億ドルを受け取った――オサマ・ビン・ラディンが、パキスタンで最も権威ある士官候補学校からほど近い屋敷で発見されてから2年しか経っていなかったというのに。(5) アメリカは2002年以降、アフガニスタンに対して1000億ドルを超える資金援助を行ってきた。だがアメリカの納税者は、自分たちの金で建設された学校や政府の建物のうち、どれだけが残ったか、そしてその金のうち、どれだけが単純に盗まれたかをきちんと知ることはないだろう。その1000億ドルで、どれだけのものをアメリカ国内で造ることができたか、想像してほしい。

アメリカがスーパーマンになるまで

どうして我々が、こんなに荷物を背負い込むことになったのか。

アメリカを超大国の地位まで引き上げ、世界の警察の役を割り振ったのは戦争だった。だが、アメリカの中に、その役をあまりにもやすやすと喜んで受け入れる手合いがいたのだ。20世紀に起きた2つの大戦は、アメリカを高みに押し上げ、その友邦を弱め、（一時的ではあるが）ソ連や中国のようにライバルになるかもしれない国をおとなしくさせた。どちらもアメリカ本土には戦闘が及ばなかった。もちろん米兵とその家族は、勝利のために大きな代償を払った。だが、「アメリカ遠征軍」の歩兵が1917年にフランスに到着したときには、ヨーロッパでは第1次世界大戦が始まってすでに3年が過ぎており、11万6000名の米兵が命を落とした。だが、ヨーロッパ各国の死者――ドイツは170万人、ロシアは170万人、フランスは140万人、オーストリア＝ハンガリア帝国は120万人、イギリスは90万人――とは比べものにならない[(6)]。これら国々の経済的・心理的打撃は、前代未聞だったのだ。

一世代後、アメリカを第2次世界大戦に引き込むには、日本による〝突発的かつ意図的な〟真珠湾攻撃が必要だった。そして太平洋における戦闘は直ちに始まったのだが、米軍がノルマンディーに上陸したのは、ヒットラーがポーランドに侵攻してから5年近く経ってからのことだ。多くのアメリカの家族が第2次世界大戦に勝利するために、取り返しのつかない大きな犠牲を払ったが、アメリカの死者41万8000人は、ソ連の2000万人、ドイツの700万人、そして日本の300万人とは比べものにならない。

経済的打撃もある。第2次世界大戦でヨーロッパの農業生産は半減、工業生産は3分の1にまで減った。ドイツの50都市の建物の4割ほどが全壊した。[7] 日本はアジアにおける領土の8割以上を失い、大都市の多くが事実上、居住不可能になった。[8] フランスは家屋の2割、鉄道の3分の2、そして国富の約45％を失った。[9] ソ連では7万の市町村が破壊された。[10] イギリスでは貿易が戦前の3割に減り、大英帝国にもついに日が沈もうとしていた。[11] 疲弊した中国は日本との戦いが終わり、内戦へと戻った。

これに対してアメリカでは、経済不況が12年続いた後、戦争よって急騰した武器・軍需品の需要を満たすために1700万人分の新たな雇用が生まれた。戦争中に労働者の給与は倍増し、貯蓄は7倍に増えた。[12] 国民の生活水準は急上昇し、失業は事実上なくなった。アメリカは参戦を求める声に、できるだけ長く抵抗することによって、世界最強の国、世界をその愚行から救うのが自らの宿命だと、信じるような国になったのであった。

アイゼンハワーの警告にもかかわらず、アメリカはスーパーマンのマントを身にまとった。アメリカ政府が戦争を最後の手段として扱っていたのは過去の話になった。冷戦以来、すべてのアメリカ大統領および連邦議会の両党幹部が、アメリカをもっと安全にするという名目の下に世界をアメリカのように作り替えるべく、紛争に次ぐ紛争にアメリカを引き込んできている。だが、朝鮮半島における戦争は、我々をより安全に、あるいはより豊かにしただろうか。ベトナムで我々はどういう教訓を学んだのか、サイゴン陥落後40年たった今も皆が納得する答えがない。瞬く間に終わってしまったグレナダやパナマへの侵攻など、アメリカ国民のほとんどがもう忘れてしまっている。

冷戦が終わっても、戦いへのアメリカの意欲は下がらなかった。クウェート解放によってサダム・フセインとの争いは終わったか。アフガニスタンで何千億ドルも費やしてきたが、どうしてそれがアメリカ最長の戦争になったのか、そしてそこでのアメリカの努力がいかなる成果を生んだのか。イラクとの2度目の戦争はさらに何千億ドルもかかったが、イラクは2002年よりも安心できる国になっているだろうか。独裁者たちへの支持、イランのモサデグ首相、コンゴ（今のコンゴ民主共和国）のパトリス・ルムンバ首相、チリのサルバドール・アジェンデ大統領ら国家リーダーの排除、アブグレイブ刑務所における醜行、拷問、サイバー紛争、無人機による攻撃、そしてアメリカの「敵の敵」への武器売却が、アメリカをより強力に、より安全に、より豊かにしてきただろうか。仮にそう信じたとしても、多くの借金を抱えたアメリカが自ら支配的地位を占めなくなった世界で、こうした類の政策を続けていくのはもはや不可能だ。

また、アメリカ政府が自らの意思を押し通そうとすることが、時として意図するところと逆の結果をもたらすことがある。ブッシュ（子）大統領は2002年の一般教書演説で、北朝鮮、イラク、イランを「悪の枢軸」と呼んだ。そしてブッシュ政権の面々は、イランがますます危険になっていると警告した。

だが、もしフセイン相手の戦争が、「核兵器開発を放棄しないとアメリカに侵略される危険がある」というイランへのメッセージを込めていたとすれば、それは失敗だった。東にはアフガニスタン、西にはイラクという、米軍に突然包囲されるようになったイランのリーダーたちは、違う結論に達した。

つまり、「アメリカが北朝鮮を侵略しないのは北朝鮮がすでに核兵器を持っている、まさにそれが理由だ。そしてイラクには核兵器がないのでアメリカとしては侵略しても大丈夫だ」と判断したのだ。するとアメリカの侵略を防ぐには、スーパーマンがイラクやアフガニスタンで忙しくしている間に、できるだけ早く核兵器を開発するのが最もいいということになる。こうして、フセインを排除するために失った金と人命は、原爆を作ろうというイランの意志を強めるだけの結果となったのだ。

オバマ大統領になっても、アメリカの納税者にとって金の使い方が良くなってはおらず、ブッシュ（子）大統領の下で始まったアメリカの情報組織の大幅拡大をオバマ政権は引き継いでいる。アイゼンハワー政権時代には今より軍事支出の対GDP比が高かったが、それは社会保障制度、高齢者向け医療保険制度、低所得者向け医療費補助制度、その他の社会的セーフティーネットが連邦政府支出の過半を占めるようになる前の、冷戦初期の一時期だけのことだった。[13] また、2つの軍事超大国が実力と影響力を争うゼロサムゲームを世界中で繰り広げている時期には、産軍複合体の成長も容易に理解できた。だが、今のアメリカの情報機関は、国家安全保障に対する脅威の可能性のあることだけでなく、ドイツやブラジルのような友好国のリーダーに対してもスパイ活動を行っている。さらには、国家安全保障局（NSA）が連邦議会の議員に対してまでスパイ行為を行ったという証拠が出てきた。なぜNSAはこんなことをしたのか。なぜなら、できるから――それだけのことかもしれないのだ。何かが変わらなければいけない。

隠れた戦争のコスト

アメリカの戦争ときたら、我々にわかっているコストだけでも十分悪い。だが今は、その人的・物的コストの多くが隠れているので、アメリカ政府が国民の名において、国民の金で行うことを「注意深く、見識ある市民」が確実に理解し、承認することがとても難しくなっている。第1に、徴兵制がなくなった。徴兵でベトナムに送られることを恐れた怒れるアメリカの若者たちが、武装した警察と市街地や大学キャンパスで対峙した1960年代の混乱を懐かしく思うアメリカ人はめったにいない。また、徴兵制の復活を望む者もほとんどいない。だがニクソン大統領が1973年に徴兵制を廃止したとき、彼は普通のアメリカ人から戦争の真のコストを覆い隠す重要な一歩を踏み出したのだった。

この流れは今なお続いており、まだ見ぬ抵抗勢力に対する米軍の技術的優位を拡大するとともに、戦争がまるでテレビゲームに見えるようにするために、毎年何千億ドルという資金が費やされている。米兵の安全を確保しつつ安上がりに人を殺せる無人攻撃機は、とりわけ世界に対する影響についてアメリカ人を鈍感にする。だが不幸なことに、無人機に殺される人の中には運悪くその場に居合わせただけ人もいる。正確な人数はわからないが、中にはパキスタンやイエメンのようにアメリカと戦争をしていない国の人々も含まれる。アメリカ人は、そのことがわかっているのだろうか。アメリカ以外の人々がそういったやり方をどう思っているのか気づいているのだろうか(14)。それとも、どうでもいいのだろうか。

コストを隠すことについて言えば、ブッシュ（子）大統領がテロとの戦いの初期にやったように、戦時に減税するのも一つの手だ。だが、無人攻撃機を使うことは、このシニカルな論理を醜悪なまでに突き詰めるものであって、しかもアメリカ政府が追跡しないといけない新たな敵を作り出すことになる。パキスタンやイエメンで無人機による攻撃を行っても、アメリカ国内におけるテロ攻撃を完全に防げるわけではない。むしろ中東や南アジアにおける我々の行動は、最新の防弾衣をまとってロボット航空機を飛ばしている以外のアメリカ人を攻撃したほうがいいと納得する新世代のパキスタン人、イエメン人などを生み出して、アメリカ国内をかえって危険にしているのだ。徴兵制の廃止と無人攻撃機の使用によって大統領は、アメリカ人がほしいものを手に入れながら、そのコストを支払わないで済むふりをしやすくなる。そして、そのことがアメリカの有権者に付託されて、リーダーの決定に責任を問うことをずっと難しくしているのだ。

汚れ仕事はテクノロジー任せにしたい人々がいるように、友邦や同盟国にやってもらえばいい、という人々もいる。リビアではうまくいき、アメリカの資金やロジスティクス面での支援によって、英仏のパイロットが長年頭痛の種だったムアンマル・カダフィを倒した。これにアメリカがより多くの外交政策上の目的をより低いコストとリスクで達成できるモデルとしての可能性はないのだろうか。アメリカはもう少し「後方から主導する」ことができないのだろうか。

しかし、リビアは例外だ。カダフィは、国外に強力な友人がまったくいない珍しいリーダーであり、彼にストップをかけてほしいという依頼が他のアラブ諸国の政府から直接寄せられたほどだ。これは極めてまれな出来事だ。しかも、カダフィの死はアメリカにとって何の価値もなく、リビア国民にもいまだ平和をもたらしていない。より一般的なのはシリアのようなケースであり、その場合、独裁者を倒せるかどうかは、外部に地上軍を派遣する気があるかどうかにかかっている。そしてアメリカ政府もヨーロッパの同盟諸国も――連合体制があろうがなかろうが――犠牲も多く、いつ果てるとも知れない中東での新たな戦争にコミットするほど愚かではないことを証明した。

NATOは答えにならない

しかし、スーパーマンが「スーパーヒーロー仲間」に助太刀を頼めば済む、という夢想はなくならない。そして、ロシアが欧米により敵対的な姿勢に転じたことで、NATOがついに冷戦後の使命を見出せるかもしれないという希望は大きくなっている。小さな近隣諸国を操る力こそ、自らの永遠の偉大さの証明になると考えているロシアの支配者が、恥ずべき一敗地にまみれる姿を想像するのは楽しい。いじめっ子が一発まともに拳骨を食らうのを見るのは、皆、大好きなのだ。だがNATOには、ウクライナのために闘う覚悟があるのだろうか。

もっと注意深く見てみよう。これは道徳劇などではないし、自らが招いたウクライナの不幸をより深く理解することは、アメリカの外交政策の愚かさについて大事なことを教えてくれる。アメリカ人は民族自決を信じている。いかなる国も他国の単なる衛星国ではない、帝国は本質的に人倫にもとる、そしてどちらの陣営に属するかはウクライナ自身が決めるべきであって、それについてロシアはいっさい拒否権を持つべきではないとアメリカ人は思っている。だが、ウクライナの本質的な問題は、親ロシア政権、親ヨーロッパ政権ともに蔓延させてきた腐敗が、ウクライナの債務支払い能力を奪ってしまったところにある。そして、いかなる革命もこんな次元の低い問題は解決できない。

ウクライナ国民の過半数がウクライナ系だが、ロシア語を話す700万人ものロシア系住民がいまだに国境内にいる。その中には何十年にもわたって住んでいる家族がいる。我々アメリカ人としては、その経緯はわからないし、あれこれ言うべき話でもない。もし将来、ロシアがラトビアかエストニアで軍事的騒動を起こそうと考えたらどうだろう。両国とも旧ソ連共和国だが、ウクライナより多くのロシア系人口を抱えており、いずれもロシア系国民が人口の4分の1を超えている。だがウクライナと異なり、両国はNATO加盟国だ。北大西洋条約第5条では、ロシアがラトビアに攻撃をしたら、ルイジアナ州に対する攻撃と同等に扱うことをアメリカに義務付けている。もしいつの日かこの約束を果たす日が来たとして、アメリカの大統領はどこまで国民の支持を期待できるのだろうか。

インターネット市場調査会社YouGovが2014年3月、1000人のアメリカ人成人に行った調査では、「もしロシアが隣国を攻撃したら、アメリカが軍事力を行使すべきか」という質問に対し、ポーランドを守るべきだと回答したのは40%、トルコの防衛を支持すると答えたのは29%、ラトビアの防衛を支持したのは、わずか21%だった。そしてイギリスについても56%に過ぎなかった[15]。イギリスの防衛すら辛うじて過半数しか支持しないのだから、アメリカ国民が選択の余地のある戦争をこれ以上望んでいないのは明らかだ。

ＮＡＴＯは冷戦の勝利に不可欠だった。しかし冷戦は終わった。ロシアは、アメリカの友人ではないが、恐るべき超大国としての敵でもない。アメリカとしてもこれまでのようにＮＡＴＯの経費の大部分を負担する余裕がなくなっている。のちにＮＡＴＯの初代事務総長に就任したイスメイ卿が１９４９年に、ＮＡＴＯの目的は「ロシアを入らせないこと、アメリカを出ていかせないこと、そしてドイツを押さえ込むことだ」と言ったのは有名だ。66年後の今、ヨーロッパ人の多くがいまだにアメリカに出ていかないでほしいと思っているかはわからないが、ドイツがもはや押さえ込まれていないことは明々白々だ。ヨーロッパ、特にドイツがＮＡＴＯの活動経費のもっと大きな割合を負担する気がないのであれば、どうしてアメリカの納税者が何十億ドルも資金を負担し続けなければいけないのか。今や世界で最も裕福な国の一つとなったドイツがもし、もっと多くのコストを負担しないのならば、なぜアメリカがラトビアやエストニアを守る戦いの先頭に立たなければいけないのだろう。

もう国造りはやらない

テロリズムがアメリカの国家安全保障にとって最大の脅威であって、スーパーマンとしてはテロリストがアメリカに入ってくる前に、彼らの巣窟で壊滅させるべく、積極的かつ前のめりにグローバルな展開を行うべきだと言う人々もいる。

テロリストとはアメリカではなく「向こう」――イラク、アフガニスタン、イエメン、ソマリアなど――で戦う。そしてイラクやアフガニスタンのように、我々が解体した国家を巨額を投じて再建することによって、テロリストが生活し、計画を立て、訓練を行い、攻撃の拠点とする広範かつ無政府状態の領域を彼らが持てないようにする、というわけだ。

だが不幸なことに、アメリカが非友好的な遠方の地域で、開かれた民主的な社会を作るのがあまり得意でないことは近年学んだばかりだ。また、仮にできるとしても国内に急を要するニーズがあるときにそんなコストをかけるだけの値打ちがない。アメリカは、国を破壊するのに十分すぎるパワーを持っているが、それを再建するのに必要な、国民の支持を含むリソースを持っていない。アメリカの撤退はいつも時間の問題だが、どんなに変革をもたらしたという幻影を作ったとしても、その時残されるのは力の真空であって、テロリストたちが安全地帯を再び獲得するには、単にアメリカがいなくなるまで辛抱するか、もしくは国境を越えて次の機会に備える場所まで移動するだけのことだ。アメリカもそれはわかっている。

今のアフガニスタンやパキスタンから、イスラム武装勢力は消えているだろうか。イラクとシリアでは、聖戦主義者たちが史上最も資金豊富なテロリスト集団を作り上げた。もしオバマ大統領がバシャール・アサドとシリア軍を倒すほど愚かだったら、誰が喜んでいただろうか。シリアを次のトルコ、近代的な穏健派回教国と考えている人々だろうか。それとも本質的に不安定な宗派的戦場、すなわち次のイラクと考えている手合いだろうか。

テロリストがおらず、アメリカの利益が直接脅威にさらされていない国において、引き続きアメリカが軍事力に展開していることは、とりわけ理解しがたい。冷戦終結から四半世紀、第2次世界大戦が終わってから70年経った今なお、ドイツに4万人、日本には5万人の米兵が駐留している。[16]もはやヨーロッパと日本が自らの安全保障に責任を持ち、自らの防衛にもっと資金をかけ、自国の兵員の命をもっとリスクにさらすべきだ。それは、こうした富裕国がすでにやっておくべきことだったし、近年はドイツや日本の高官が認めてきたところでもある。アメリカ政府はその実行を奨励すべきだ。

大いなる期待

アメリカ人は、いつの日かすべての国が民主主義を受け入れる世界を夢見ている。そこに至るまで、長く曲がりくねった道をたどる国もあろう。だが最後には「人民の力」が圧政に打ち勝つと信じている。我々は選挙を通じて善人が悪人を駆逐するし、新しく選ばれたリーダーはより良い政府を求める国民の要求を満たすべきだと信じている。だが、民主主義とは複雑で長い時間のかかる企てであって、それを完成させた国は、アメリカも含めていまだにない。そしてアメリカといえども、海外の地に撒いた種が強風に吹き飛ばされることなく、いつの日か根を張るの待つ辛抱強さはない。アメリカ人にはそうした国における変革を妨げ、紛争のもとになる力が理解できないし、納税者としては自分たちのリーダーがこうしたことを理解できるようになるまで兵力を現地にとどめおく余裕がない。

ところが、最近の数ある挫折にもかかわらず、アメリカの今の外交政策はいまだに期待が経験に勝ってしまう状況が続いている。それは世界に対するアメリカの姿勢に救世主的な要素が残っているからだ。1917年にはウッドロー・ウィルソン大統領が、ドイツ帝国の「無謀なる無慈悲および無原則」と、その結果として「世界を民主主義のために安全にする」ことが必要になっていると説いたが、そのずっと前からすでに存在していた。実行させるだけの力を決して持つことなく普遍的人権のために闘おうとする民主党といい、時折ニュースで取り上げられる悪という悪を打ち破りたがる共和党タカ派といい、この狂信ぶりは依然として強く脈打っている。イラクとアフガニスタンの長い戦争のおかげで、この自信満々な態度も休眠状態に入っているが、ダグラス・マッカーサー将軍のように「イット・シャル・リターン」だ。近いうちに両党の近視眼的リーダーたちが、我々には理解できず、維持する余裕のない新たなコミットメントに我々を引きずり込むだろう。

我々に世界の警察官を務める力がないという話ではない。我々には、意見を異にする者を強制的に同意させる権利がないのだ。アメリカ人は、自分の国は歴然たる美徳の源泉なのだから、世界中が自分たちの生活を良くするために招き入れてくれると信じがちだ。民主主義が疑いようもなく魅力的で、アメリカの民主主義へのコミットメントがこれだけ明確なのだから、外国の領土内でもそれをアメリカが作ってくれると、それぞれの国民が信じるべきだと思い込んでいる。

だが、我々には自らの二重規範《ダブルスタンダード》が見えなくても、世界は違う。アメリカがロシアやベネズエラの選挙のあり方を非難する一方で、エジプトやサウジアラビアの「上っ面の民主的改革」なら何でもほめたたえるのを世界は見ている。イスラエルの選挙結果は認知するが、パレスチナ人が投票するとその結果を非難する。コソボの民族自決は支持するが、クリミアのそれは支持しない。ヨーロッパに対しては、どの国が欧州連合への加盟を認められるべきかを言う。自分と先方とで大きな力の差があるうちは、ああしろ、こうしろと言うのは楽だが、その差も縮まってきている。そして、これからもさらに縮まっていく。[17]

アメリカは、中国、ロシア、フランスがサイバースパイ活動を行っていると非難しているが、その一方でほとんどの国に対してスパイ活動を行っており、さらには自国民に対しても行っている。また、自らは国際ルールに従うことを拒否し、他者による集団的判断に従うことを拒んでいるが、そんなことでどうして「法の支配」を推進できるのだ。我々は、反米独裁者が国際刑事裁判所で法の裁きに遭うと喜ぶが、アメリカの上院は、アメリカ市民がその管轄に入る可能性のある協定を批准しようとしない。[18] こうしたダブルスタンダードを、世界がどう受け止めると思うのか。他国の国民にも愛国心があり、自分たちのことを「より低い発展段階にあるアメリカ人」とは思っていない。我々はこの現実を無視する。他国の政府がどのように財政資金を使い、貯蓄し、投資し、法律を作るべきかを、そこの国民より良くわかっていると思うのは、愚かで傲慢なことである。

アメリカの外交政策のもう一つの欠陥として、悪役作りが大好きだということがある。国内で名を上げるためであれ正当な苦情があるからであれ、外国のリーダーがアメリカに対してこぶしを振り上げるのを無視することがアメリカ人にはできないようだ。しかも、なぜその反米主義に人気が集まるのかを理解しようともしない。あの大言壮語に満ちたベネズエラの大統領、故ウゴ・チャベスを道化のナルシストだと退けるのは簡単だ。たしかにチャベスとその後継者は、ベネズエラとその経済に長く残る打撃を与えたし、アメリカとしても、ベネズエラがふさわしい貿易相手というわけでもない――もっとも、引き続き大量の原油を購入するのは間違いないだろうが。そのリーダーたちに対して、何か価値のあるものを提供する必要もないのだ。

だが、チャベスを一度ならず、しかも大差をもって大統領として選んだ人々が感じた彼の魅力を理解する気がないのであれば、ベネズエラをはじめ、反米主義が野心ある政治家のキャリアの推進力になる国の実情をいつまでも理解できないことになる。もしそういう国が理解できなければ、そこに住む人々がどのように統治されるべきか、我々のアドバイスを受け入れる可能性はないに等しい。

個々の途上国がどのように発展していくべきか、自分たちはわかっているという確信はどこから来るのか。アメリカ人は決して、自分たちの最も大事な事柄に関する判断を外国政府にゆだねることはない。いや、自身の政府すら信用していないのだ。* チベット、台湾、クウェート、コソボ、カシミールの住民に正義をもたらすのが、本当に我々の責務なのだろうか。こうした地域のためにどこまで金を使い、何人の命を危険にさらすのか。アメリカ例外主義の真の源泉は、国内でより完全な統合を実

＊CNN／ORCが2014年7月に行った世論調査によれば、連邦政府が常に、あるいはほとんどの場合、正しいことをすると回答したのはアメリカ人の13％に過ぎなかった。http://i2.cdn.turner.com/cnn/2014/images/08/08/rel7g.pdf

現しようという意欲にあるが、それは近年かなり無視されてきており、外交政策における道徳的妥協と醜悪な矛盾が、アメリカがいかなる存在であり、いかなる信念を持っているのかということについての外国の見方を悪くしている。

アメリカ人も、ついに理解し始めたのかもしれない。2013年12月にピュー研究所と外国評議会が発表した世論調査を思い出してほしい。報告の共同執筆者が「この質問をするようになってから50年、アメリカが『自分のことだけに構っていればいい』という意見がこれだけの大差で多かったことはかつてなかった」[20]と書いたやつだ。同月発表のCNN／ORC国際世論調査では、アメリカ人の82％がアフガニスタンでの戦争に反対していることがわかった。これはアメリカ史上、最も評判の悪い戦争だということになる。

国内で民意を無視しながら、国外で民主主義を推進していくことはできない。

国内の損害

自由とは脆い存在である。アメリカ人は、それを国内でも守らないといけない。愚かな外交政策が海外におけるアメリカの利益に大きな損害を与えていると言っても、最も大きなダメージは国内で起きている。第1に、強力な介入外交は、憲法に定められている政府と各州のパワーバランスをゆがめ、連邦政府の力を強める。アメリカ建国の父たちは、連邦政府と州政府に権限と責任を分配することが、個人の自由を守るとともに、州がすべてのアメリカ人の利益になる政治的・経済的実験の場としての役割を果たせると考えた。だが我々のスーパーヒーロー外交政策は、納税者から中央に向けた資金の流れを増やし、地方政府の犠牲によって連邦政府を強化している。

それは議会の犠牲において大統領を強化することにもなるが、これは合衆国憲法の起草者たちが苦心して設計した両者の均衡を乱す。スーパーヒーロー外交は、国内経済やアメリカの国際的評判だけでなく、建国の原理原則に対するリーダーたちの尊崇の念をも弱めている。建国の父たちは、たとえ全国的な選挙に勝ったといえども、1人の個人に戦争と平和に関する問題をゆだねるつもりはなかった。なぜなら、そこまで大きな権能を行政府に集中させるには、あまりにも多くの命と資金と利害関係がかかっているからだ。のちに大統領になったジェームズ・マディソンは1793年に「戦争を宣告する権能は、戦争の原因を判断する権能も含め、全面的かつ専属的に議会に帰属する……行政府は、戦争を宣言する原因があるか否かを決定する権能を、いついかなる場合にあっても持たない」[21]と述べた。マディソンが1798年にトーマス・ジェファーソンに宛てた手紙にこう記した。

憲法は、権能の各府の中でも行政府が最も戦争に関心を持ち、戦争に傾きがちであるという、すべての政府の歴史が示していることを前提としています。だから、それ相応に注意深い考慮に基づいて戦争の問題を立法府に帰属させたのです。[22]

ジェファーソンは大統領になってからもこの意見を変えず、1805年には「平和から戦争状態へ変える権能を与えられているのは、憲法上、連邦議会だけである」と述べている。[23] この議論は、時の大統領が軍事力の行使を口にするたびに再浮上する。そのときに国民は、戦争権限および大統領と議会のしかるべき役割についての意見を、大統領が属する政党をどれだけ支持しているかで決めてしまうことが多すぎる。そしてアメリカには、そんなことで安心していられるような余裕はない。なにしろ、あまりにも多くの人命と納税者の金がかかっているのだ。戦争と平和に関する問題について、連邦議会は不便な存在ではない。我々の安全と自由の守り手なのである。

スーパーヒーロー外交は、政府の機密性を高める必要性を通じてアメリカの民主主義を毒してもいる。この問題は、2つの形で起きる。様々な内部告発者や高度な技術を駆使するサイバー活動家によって秘密が暴露される今の時代、同盟国に対するアメリカのスパイ行為を隠すことは、どんどん難しくなってきている。自らの醜い秘密が暴露されたとき、アメリカの影響力と権威はどうなるのだろうか。各国政府も、アメリカ大統領がこのスパイ活動を容認していたのだろうかと考える。そして答えがどちらに転んでも、いいところなしなのだ。

我々のスパイ機関は、国内での活動も秘密にしておきたい。国外であれだけ多くの紛争、あるいは紛争になりうる状況に関わっていると、国内にも敵がいるのではないかという恐れが募ってくる。1950年代には共産主義者の潜入を恐れたが、今日ではテロリストだ。しかし、どうして17もの情報機関が必要なのだ。* どうして予算のほとんどが機密扱いなのか。何社のアメリカ企業がそれらに協力しているのか。予算のうち、どれだけを外国政府に分けているのか。具体的に誰を監視《ウォッチ》しているのか。誰がその監視者《ウォッチャー》を監視《ウォッチ》しているのか。国民はどうやって情報機関に責任を取らせることができるのか。一般国民がこうした問いの少なくともいくつかに答えられなければ、「注意深く、見識ある市民」などあり得ない。

我々は、米国防省に正確に何人働いているか、軍が海外の何カ国にいくつ基地を持っているか、知ることを許されていない。結果として、国防省が毎年我々の金をどれだけ使っているか、本当のところはわからない。ただし、我々の経済で繁栄を促進し、守る部門から我々のスーパーヒーロー外交がリソースを奪っていることは自信を持って言える。2013年にハーバード大学が発表した研究によると、イラクとアフガニスタンにおける戦争のアメリカのコストについて、「長期的な現役・退役軍人とその家族の医療費・障害補償、軍備の再配備および経済的・社会的コスト」を、直接的な戦闘活動の費用に加えると4~6兆ドルになる(24)。他の防衛支出は削らないとしても、4兆ドルもあればどれだけの数の学校、家屋、そして病院を建設できていただろうか。もしその4兆ドルを納税者の懐

＊17の情報機関とは、中央情報局（CIA）、国家安全保障局（NSA）、国防情報局（DIA）、国務省の情報調査局、空軍情報・監視・偵察局、連邦捜査局（FBI）の国家安全保障部門、陸軍情報・保安指令部、エネルギー省情報・防諜部、沿岸警備隊情報部門、財務省情報・分析部、麻薬取締局、海兵隊情報部門、国家地球空間情報局、国家偵察局、海軍情報部、国土安全保障省情報・分析部、そして国家情報長官である。

に残していれば、アメリカ経済がどのように推移していただろうか。こうした資金が国内で必要なのに、どうしてそれを他国に投資しているのだろうか。アメリカ国民は、アイゼンハワーが大統領になる前から、こうした疑問を持っていた。だが、それから何十年も経っているにもかかわらず、いまだにいい答えが見つからない。

貿易は富をもたらすのか

だがスーパーヒーロー外交は、国内経済を拡大する貿易の機会を創出することによって、アメリカの繁栄を促進していないのか。だが、国際貿易の拡大がアメリカの労働者にとっていいことばかりではないのは、もはや明らかだ。通商協定にはすべての参加者に利益を与える可能性があるが、政治エリートが経済エリートのために交渉した結果としての合意は、圧倒的にエリートを利することが多すぎるし、その場合にはアメリカ社会をさらに分極化させ、貧富の差を拡大する結果となっている。製造業においては、メキシコや中国との貿易拡大によって多くの雇用が奪われている。アウトソーシングで生産コストを下げられる企業にとってはいいことだが、失業する何百万人ものアメリカ人にとってはよろしくない。

我が国が新たな通商協定を締結する前に、北米自由貿易協定（ＮＡＦＴＡ）を振り返ってみよう。２０１４年初頭、ＮＡＦＴＡの20周年を機に、政策提言を行う非営利シンクタンク「パブリックシティズン」が、NAFTAの経済的影響について報告を発表した[25]。結果は手厳しいものだった。クリントン大統領は、NAFTAが最初の5年間にアメリカで100万人の雇用を作り出す、とその施行前に約束した。だが、その報告によると「アメリカ企業はNAFTAの下で、メキシコの低賃金と緩やかな環境基準という外国投資家の新しい特権を利用しようと生産設備を移転し……2004年までに雇用100万人分の純減に相当する膨大な貿易赤字を新たに生み出した[26]」のだった。

もちろんアメリカ政府は、NAFTAがもたらす変化が相当数の労働者に「移動を余儀なくさせる」ことをわかっていた。だから政府は貿易調整支援制度（TAA）という、労働者が新しい仕事や違う業界で働けるよう再訓練する大規模な連邦プログラムを作ったのだ。そしてパブリックシティズンの報告によれば、NAFTAが発効して以来、84万5000人以上の製造業労働者がTAAの有資格者として認定された。だが、TAAの認定を受けるのは容易でなく、失われた雇用の一部しかカバーされていないと警告している。

さらに、労働者は見つけた仕事に就かざるを得なかったため、NAFTAは賃金を押し下げる結果となった。この問題は、NAFTAの影響を直接受けた分野に限られない。同報告によれば、解雇された労働者が食品サービスや接客業など、メキシコにも中国にも「オフショア化」できない他の産業分野で職を探したので、それらの分野でも賃金が押し下げられた。NAFTAは、食品価格を低下させることで比較的所得の低い消費者の痛みを和らげることにもならなかった。「NAFTAによってカナダとメキシコからの食品輸入が188％増えたにもかかわらず、アメリカにおける食品の平均名目価格はＮＡＦＴＡ発効以来、65％上昇している」
こうした要素が全体としてアメリカの貧富の格差を拡大させ、中間層を縮小させているのだ。とすれば、アメリカ人の多くがＮＡＦＴＡの労働者、そしてアメリカ経済全体にもたらした利益に対して否定的だったのも驚くに当たらない。世論調査会社「アンガスリード・パブリックオピニオン」が２０１２年に行った調査によれば、かなりの割合の人が「製造業者（47％）、雇用主（45％）、観光客（40％）が利益を受けている」と思っていた。しかし、「アメリカ経済にとってよかった」と答えたのは34％に過ぎず、「労働者にとってよかった」と回答したのは、たった25％だった。[27]
少なくともメキシコはＮＡＦＴＡの恩恵を受けただろう、と読者諸氏は思うかもしれない。だが、国際平和カーネギー基金による２００９年の研究では、「ＮＡＦＴＡによって裏打ちされたメキシコの改革が、同国にとって失望すべきものだったことを物語っている。貿易および投資が劇的に増加したにもかかわらず、経済成長は緩慢で、雇用創出も乏しい」[28]と述べられている。さらにパブリックシティズンの報告では、「ＮＡＦＴＡがより安価な輸入品へのアクセスを与えることによって、メキシコの消費者に利益を与える約束にもかかわらず、メキシコの基本消費財価格はＮＡＦＴＡ以前の水準の7倍にまで上昇しているが、最低賃金は4倍にとどまっている」と付言している。なぜ価格が上がったのかはわからないが、はっきりしているのはＮＡＦＴＡ推進者たちの約束にもかかわらず上がったことだ。それはメキシコの貧困層にとって悪い結果をもたらしたが、不法移民と仕事を取り合うことになるアメリカの低賃金労働者にとっても悪い結果をもたらしている。

貿易も、あまりにも多くの権限を1人の人間に集中させるアメリカ外交政策のまた一つの例でしかない。環太平洋経済連携協定（TPP）は太平洋を挟んだ12カ国が参加する、アメリカ主導の巨大な通商協定の交渉だが、オバマ大統領は議会に貿易促進権限（TPA）、俗に言うファースト・トラック権限を自らに与えることを要請し、議会はそれに応じた。TPAにより大統領は全交渉参加国政府と合意した最終案を議会に提出して、単純な承認・不承認の評決を求めることができる。議員は協定案の変更や条文の修正の変更を求めることが許されない。過去にも両党の大統領がこの権限を利用して、自分や支持者が望む合意を個々の議員に邪魔されずに通してきた。

共和党の大統領だろうが民主党の大統領だろうが、なぜ議会の大事な意見抜きで何百万人もの国民の人生、生活に影響を及ぼす決定を行う権限をゆだねるのだ。アメリカの国民およびその代表者は、自分たちの繁栄の前提条件を決める大きな通商協定の内容に、もっと直接意見を反映させる権利が与えられるべきではないだろうか。貿易は、たとえ経済全体にとっていいことであっても、すべての参加国に必ず勝ち組と負け組を作り出す。だからこそ、すべてのアメリカ国民には合意に隠されている細部を知る権利がある。

究極の恐怖

民主主義は生き物だ、壁のように建設することはできない。それは切れ目のないプロセス、政治的なエコシステム、永久革命であって、前進するだけでなく後退することもある。民主主義は、アイゼンハワーの「注意深く、見識ある市民」と、政府の権限を制限することに対する長期・無制限のコミットメントを必要とする。民主主義には、我々の自由、そして連邦政府の権限と50州の権利の健全なバランスが必要だ。政府には、正当な理由なくして我々の電話の会話に聞き入ったり、メールを読んだり、銀行口座の取引記録を集めたり、インターネット上で追跡したりする権限などない。なぜなら、こうしたことはアメリカ国民の「不合理な捜索および押収または抑留から身体、家屋、書類および所持品の安全を保障される」憲法上の権利を侵すものだからだ。また、裁判もないままに政府が無期限で拘束することも許されるべきではない。

だが、9・11後に成立した諸法によって、こういった政府の権限を拡張しようとしているために、民主主義の諸価値は脅かされている。スーパーヒーロー外交がアメリカの民主主義にもたらす最大の脅威は、膨大な公的債務でも高まるテロリズムの脅威でもなく、アメリカ本土における国民の権利およびプライバシーに対する大規模攻撃なのだ。我々の自由を脅かしているのは、中国でもロシアでもイランでもなく、それ以外の台頭する国でも、ならず者国家でもない。この地球上でアメリカの国民から市民権を奪うことができる唯一の政府は、首都ワシントンを本拠としているのだ。

端的に言うと、新たなテロ攻撃に対する恐怖の反応と、それが生み出しうる誤った外交政策以上に、アメリカの自由と我々の市民権を脅かすものは存在しない。2001年9月11日のテロ攻撃は、普通のアメリカ人にとって新たな恐怖を作り出し、それが歴史的な規模の強力な対応を要求するかのように見えた。アフガニスタンでタリバンを倒すだけでは、十分満足できる答えにはならなかった。そこで我々の政府は、他に悪者を探しに行った。結果として起こったのは、アメリカ史上最も長きにわたり、最も高くつく2つの戦争だったのである。

軍を通じて負担しているコストとまた別に存在するのが、国内で支払っているコストだ。政府が我々の生活を、ありとあらゆる方法で監視していることが明らかになった今、我々は憂慮すべき事実に直面している。すなわち、アメリカの国民はどこまで自分のプライバシーを放棄させられているかを知る権利すらないのだ。かつては拒んでいたであろう監視カメラが、今やジョージ・オーウェルの『1984年』さながら、日常生活の一部になっている。また、我々を守るべく授権した政府との間で、名前を聞けば誰でもわかるアメリカ企業が我々の私生活や個人的選択について情報を共有している。聖戦主義者が再び大規模テロを成功させたら、我々は顔の見えない役人に、さらにどれだけの自由を差し出すことになるのだろうか。あれだけの監視カメラとそれをモニターする役人が、アメリカの納税者にどれだけの負担をかけているのだろうか。そして将来、どこまで自分たちのプライバシーを返上させられることになるのだろうか。

アメリカを特別な存在にしているのは、力ではない。自由なのだ。我々の自由が危機にさらされている。自由を守るのだ。

一国で民主主義を

アメリカ政府が世界の警察官として振る舞い、世界をアメリカのように作り替えることを望む者は、反対する人々を〝孤立主義者〟として退ける。この蔑称は、事実を明らかにするためではなく、対話を封じるためのものだ。普通のアメリカ人が、明白な外交政策上の行き過ぎや高くついた政府の誤算に対して持つ正当な疑問を退けるためのものだ。そして最悪なのは、こうした行き過ぎや誤算が我が国を害していると考える人々は単に「反対のための反対」をする者、何の積極的ビジョンもなく文句ばかり言っている手合いだ、と非難することなのだ。

これは間違っている。他国の問題を解決する責任から解き放たれることを政府に宣言してほしいと願う人々は、アメリカには未知の可能性があると信じている。破綻したスーパーヒーロー外交で無駄遣いしている集中力、エネルギー、リソースを、我々が理想とするアメリカ――すべての国民が人間としての可能性を実現できるアメリカ――を建設することに振り替えていけば、どんなことができるか想像してほしい。我々は、歴史的な選択の岐路に立っている。世界的な政治の進化をこと細かく管理するという無駄な試みに、あまりにも多くの富とリソース、そしてアメリカ人の命を、これまでどおり費やしていくこともできる。あるいは、建国の父たちのビジョン――個人の自由の尊重、そしてそれが生み出す望ましい変革に向けた絶大な可能性の上に立つビジョン――を実現することに改めて立ち返ることもできる。

真の保守主義者から真のリベラルに至るまで、あらゆるアメリカ人が自由を信じている。我々は、非統治者の同意なくして正統な政府はあり得ないと信じている。また、こうした権利が普遍的であるべきだと信じている。だが、他の社会が異なる価値観を持っており、我々のシステムが最善だという確信がどんなに強くとも、自分たちの信条を単に他に押し付けられないことも知っている、あるいは知るべきだ。我々の考え方や価値観を世界中に広げていく最善の方法は、利益や脅しによって他国の政府を受け入れさせようとしたり、銃砲を突き付けて無理やり従わせたりするのではなく、国内で完全な民主主義を実現することに改めて立ち返ることにある。「一国で民主主義を創り上げる」ことは、我々の力の範囲内のことだ。その一国とは、我が国のことだ。理想のアメリカを創り上げられなければ、アメリカを模範とするよう他国の市民が自らの政府に要求することは期待できない。

我々のリーダーたちが世界の警察官たらんとする野望を捨てれば、アメリカを永久に脱線させかねない未曾有のテロ攻撃からアメリカ本土を守ることに、もっと多く投資できる。インフラを再建し、次世代のアメリカ人にふさわしい教育システムを構築し、軍務に従事した人々を適切にケアする一方で、アメリカ経済を将来に向かって発展させる資金を納税者の手元に残しておくことができる。

まずは、軍事支出の合理化が必須だ。それは、将来の真の脅威に備えることを意味する。21世紀にふさわしい軍を構築し、維持するには、賢明に支出することが肝要だ。過去の戦争で役立った高価な武器ではなく、いずれ起こるであろうアメリカ本土へのテロなどの脅威と戦うために、軽くてスマートな武器にリソースを傾注しないといけない。明日の戦争は、航空母艦や重爆撃機ではなく、情報とそれを理解・使用できる知能や専門的知見が武器になる。陸や海より、金融市場やサイバー空間で勝敗が決せられることのほうが多くなる。

国家安全保障が国内から始まることを決して忘れてはいけない。国土を守るには、国境、港、空港、公共インフラを、テロ攻撃から守るための投資が焦眉の急だ。ただし同時に、アメリカのしなやかな活力、自然か人為を問わず災害から回復する能力に投資して、引き続きより安全で豊かなアメリカを造っていかねばならない。我々が直面する脅威とその対処法について、連邦・州双方のレベルで、すべての家庭・職場において、国民の認識を深めていかなければならない。

最後に、移民問題について一言。違法移民は重大な問題であって、本格的な解決策が必要だ。ただし建国以来、何百万もの人々がしてきたように、この国に合法的にやってこようとする人に対しては、今後とも歓迎していかないといけない。最良の人々、より良い生活を渇望し、そのための努力を厭わない人々は、いつだってアメリカを強くしてきた。それは先進国の高度のスキルを持つ人々だけでなく、より貧しい国で自らの可能性を発揮する機会がなかった人々にも言えることだ。移民は、単に労働人口を増やすだけでなく、我が国のイノベーション能力も高める。彼らをアメリカ人にしよう。彼らの子供たちを教育しよう。彼らの成功、そしてそれが我々の未来にとって持つ意味をたたえよう。テロリストに対して国境を閉ざすことが、より良い生活を求めて合法的にアメリカに入国する人々の道を閉ざすことに決してなってはいけない。

公共インフラを再建

どうして我々は国内ではなく、アフガニスタンやイラクで公共インフラに投資しているのか。トーマス・フリードマンとマイケル・マンデルバウムは共著『かつての超大国アメリカ』の中で、「アメリカのインフラ成績表」という米国土木学会（ＡＳＣＥ）が２００９年に発表した恐ろしい調査報告を取り上げている。この報告はＡからＦまでの６段階で評価されるが、アメリカの総合評価はＤだった。道路、橋、鉄道、ダム、飲料水、その他の公共インフラについて、ＡＳＣＥが２００５年に行った前回の報告からほとんど変わっていないと指摘している。ただし、修復に必要な額は変わっており、２００５年には公共インフラの修復に１・６兆ドルかかるとＡＳＣＥは推定していたが、２００９年にはその額が２・２兆ドルに上昇していた。(29)

それから４年後の２０１３年、ＡＳＣＥの新たな調査報告には、公共インフラについて「良い修繕状態の維持」（６段階評価でいうＢ）に必要な資金の推定が提示されている。それによると、アメリカ全体の評価はＤからＤ＋に上がったが、その目標達成に必要な資金が３・６兆ドルにまで上がっている。公共インフラ項目には、航空、橋梁、ダム、飲料水、エネルギー、有害廃棄物、内陸水路、堤防、港、公園・レクリエーション、鉄道、道路、学校、固形廃棄物処理、公共交通システム、排水などが含まれる。固形廃棄物処理だけがＢマイナスで、残り15項目はＣ＋からＤマイナスの範囲にあった。

この怠慢の経済的影響は計測できる。2013年の報告で、「連邦航空局（FAA）の推定によれば、空港の混雑およびフライトの遅延による国全体の損失は、2012年に220億ドル近くに達した。もし連邦予算による支出が今の水準のまま維持されれば、混雑および遅延による経済コストは、2020年には340億ドル、2040年には630億ドルまで上昇するだろう」とある。さらに「不十分かつ劣化が進む公共交通システムが、2010年にはアメリカ経済に900億ドルの損失をもたらした」、そして「アメリカの都市部高速道路の42%が依然として混雑しており、無駄になった時間と燃料で毎年1010億ドルの損失を経済にもたらしている」と述べている。[30] しかもこの問題は、氷山の一角でしかない。

教育に投資を

ＡＳＣＥは、アメリカの学校についても切迫した警告を発している。

公立学校の就学者は2019年まで徐々に増加すると予測されるが、州および市町村等の学校建設予算は減る一方である。全国の学校建設に対する支出は、2012年には景気後退前の支出水準のほぼ半分に当たる約100億ドルまで低下したが、学校施設の状態は依然として各コミュニティの大きな懸念事項である。専門家によれば、我が国の学校施設を近代化し、維持するには、少なくとも2700億ドルの投資が必要だという。ただし、10年以上前から学校施設に関する全国データがなくなっているので、我が国の学校の現状の全体像はほとんど不明のままである。(31)

子供たちの教育へ適切な投資を怠っている影響は、建物や設備に費やす資金をはるかに超えている。3年ごとに経済協力開発機構（OECD）が実施する学習達成度調査（PISA）は、65カ国の15歳の学生50万人以上を対象とし、調査対象者は、読解力、数学、科学のテストを受ける。2012年におけるアメリカの学生の成績は、3科目とも平均か平均以下と、予想どおりあまり良くなかった。さらに心配なのは、他の多くの国で成績が上がっていたにもかかわらず、アメリカはほとんど変化がなかったのだ。これは将来の失敗を約束している。(32)

他所で使っているお金を国内に戻せば、安全かつ最新の学習設備を備えた学校を建設することができる。頭が良く、才能があり、創造的だが、もっと高収入の職に就いていた人を引き付けるよう、教師の報酬引き上げに資金を投じることができる。より報酬の高い教師のほうが、より良い結果を教室で出すという証拠はたくさんある。(33)教育者が生徒の行動を監督・指導する時間を減らし、教えることにもっと時間を使えるよう、1クラスの人数を全国的に減らすことができる。空腹で集中力が下がらないよう、栄養豊富な給食を学生に提供することができる。また、子供たちがいいスタートを切れるよう、学校だけでなく就学前教育にも投資すべきだ。

復員軍人のケア

お金を国内に戻すことで、復員軍人にふさわしい一流の健康管理をやっと彼らに提供することができる。本書を執筆している今なお、我が国の戦争に従事した何十万人という人々が、身体、精神、そして感情面のケアを受けようにも、悪夢のような官僚機構に囚われてしまっている。ベトナム戦争の復員軍人が新たに支払い申請をする人々の40％近くを占めているが、今や高齢化に伴う様々な健康上の問題に直面している。20％はイラクやアフガニスタンから戻ってくる復員軍人からの申請だが、彼らの健康管理のために今後何十年にもわたって膨大な資金を投入していくことになる。なにしろ第1次世界大戦の復員軍人に対する支払いが頂点に達したのは、戦争が終わってから半世紀以上経ってからだったのだ。(34)

親切心だけでは足りない。創造的思考も必要だ。助けを必要とする人々が増える中、彼らの世話をする体制にない退役軍人省（VA）にさらなるお金をつぎ込んではいけない。むしろ、アメリカで最も武勲高い軍人の一人として退役したジャック・ジェイコブズ大佐の賢明なアドバイスに従うべきだ。大佐は、国のために尽くした復員軍人にはVAが提供できるようなものでは不十分だという説得力ある議論を展開している。彼は2014年5月に「VAの医療クリニックで診察を受けるには何カ月も待たないといけない。民間の医者が復員軍人を診察できない理由はない」と述べた。「複雑な手続きなどいらない。民間医が患者を診察する、民間医が患者を治療する、医者が政府に請求書を送付する、政府が医者に支払う」。彼が言うように、「すでにメディケア（高齢者向け医療保険制度）とメディケード（低所得者向け医療費補助制度）がある。施設も医師もなくしてしまえば復員軍人向け制度でもお手本になりうる」[35]。スーパーヒーロー外交の資金手当てと管理をする必要がなくなれば、政府にはこういう諸問題について考え抜くことができるだけの資金と時間ができる。

お金を納税者の懐に戻そう

最後になるが、もっと多くのお金を納税者の懐に残しておくことができる。アメリカ国民が稼いだ金をできるだけ多く手元に残しておくことが、今ほど重要だった時はない。金融危機後の大きな景気後退からのアメリカの回復はとても緩慢だった。それは、何百万人もの国民がいまだに借金の返済と老後の貯えに追われ、消費支出が本来よりかなり少ないのが一因だ。お金をワシントンに送り、政策決定者たちが国際的スーパーヒーローを演じられるようにするのではなく、普通のアメリカ人がお金を使って成長を促進し、雇用を創出し、圧迫されている中間層を再び拡大するために使おう。これ以上にいい景気刺激策はない。

以上すべてのことを勘案すると、アメリカの財政を破綻させ、国民から活力を奪い、対外的信用と自信を損なう、維持不可能な外交政策からの独立を、国民が宣言すべき時が来ている。アイゼンハワー大統領が離任のあいさつで国民に警告したように、「私たちは……自分たちの安楽と便宜のために、明日への貴重な資源を簒奪《さんだつ》して今のためだけに生きようという衝動を抑えねばなりません。私たちの子孫の物的資産を担保に供することは、彼らの政治的・精神的遺産を奪うという危険を冒すことになります。民主主義が破綻した明日の幻とならず、すべての将来世代において存続することを願う」ものである。

我々の民主主義を毀損し、我々の価値観を損なうような国外におけるコミットメントからの独立を宣言しよう。世界を作り替える前に、もっと世界を理解し、もっとつつましく国益を定義し、アメリカの平和と繁栄が他国の模範となるようにしよう。

本書の初めに回答してもらった質問に戻ろう。太字で表示してあるのは、「独立するアメリカ」の支持者がするであろう回答とその理由だ。

「独立するアメリカ」の回答例

1

自由とは

ⓐ すべての人が有する権利だ。

ⓑ 脆い存在だ。アメリカの国民は、国内でこそ自由を守らないといけない。

ⓒ 人それぞれの見方次第だ。

我々は民主主義を国内で実践するまで、国外でそれを効果的に進めることができない。

2

アメリカは

ⓐ 体現する価値ゆえに、特別な存在だ。

ⓑ これまで世界のためにしてきたことゆえに、特別な存在だ。

ⓒ 特別な国ではない。アメリカは最も強い国だが、だからといって、いつでも正しいとは限らない。

我々が模範を示すことは、我々のいかなる武器よりも強力だ。

3

次のうち、あなたの意見に最も近いのはどれか。

ⓐ アメリカは自分のことに専念して、他国にも自分のことは自分で何とかしてもらうことがアメリカにとって最もいいことだ。

ⓑ アメリカが世界をリードしなければいけない。

ⓒ アメリカの外交政策の主たる目的は、アメリカをもっと安全で豊かにすることだ。国民の永続的な支持なしに、危険で高価な外交政策を構築・維持することはできないが、そのような支持はもはや存在しない。

4

中国は

ⓐ アメリカにとって最大のチャレンジであり、最大のチャンスでもある。

ⓑ あまりにも多くの仕事をアメリカ人から奪っている。

ⓒ 世界最大の独裁国家だ。中国のリーダーと国民に対する我々の影響力は、自分たちが期待しているよりずっと小さい。

アメリカ経済の力を回復することに、自分たちの時間、エネルギー、リソースを傾注しよう。

5 中東におけるアメリカ最大の問題は

ⓐ アメリカ政府が中東の民衆ではなく、独裁者たちを支持していることだ。
ⓑ 小さな問題が大きくなるまでアメリカ政府が放っておくことだ。
ⓒ 手のつけようがない地域にもかかわらず、アメリカ政府が何とかできると思い込んでいることだ。

我々が決して中東に恒久的な平和と安定をもたらすことができないと認めるべき時が来た。

6 アメリカの諜報能力は

ⓐ いつの時代でも諸刃の剣だ。
ⓑ アメリカ国民のプライバシーに対する脅威だ。
ⓒ アメリカを守るのに必要だ。

建国の理念をないがしろにすることは、我々を安全にしない。

7

アメリカ大統領の最大の責務は

ⓐ アメリカの国益を内外で追求することだ。

ⓑ 合衆国憲法を推進し、守っていくことだ。

ⓒ リードすることだ。

我が国は法治国家であって、人治国家ではない。そして、いつまでもそうあることを願う。

8

次のうち、あなたの意見に最も近いのはどれか。

ⓐ 偉大なリーダーは、世界を変えることができる。

ⓑ 偉大なリーダーは、範を垂れることによってリードしないといけない。

ⓒ 現実の世の中ではどんなリーダーも、まずい選択肢ばかりの中から少しでもましなものを選ばないといけないことが、しばしばある。

自らの理想に合致する行動を取るまでは、他に対して我々を模範としてくれとは言えない。

9

次のうち、どれが最も大きな危険にさらされているか。

ⓐ アメリカの経済
ⓑ アメリカに対する国際的な評価
ⓒ 建国の理念に対するアメリカのリーダーたちの敬意
合衆国憲法と法の支配への信頼が、我々の経済力および国際的影響力を生み出してきた。

10

2050年までに世界はどうなっていてほしいか。

ⓐ アメリカは頼りになり、志を同じくする友邦とリーダーシップの重荷を分かち合っている。
ⓑ アメリカ国内で、完全な調和が実現している。
ⓒ 世界中でできるだけ多くの人々が、本来持つべき自由を奪っている独裁者たちを倒すために、アメリカのリーダーシップが役立っている。

アメリカ国民は建設する国民だ。我々にふさわしいアメリカを建設する手を、決して休めてはいけない。

第4章

「マネーボール・アメリカ」
——自国の評価を上げ、国益も守る

理性は軽い騎手であって、
容易に振り落すことができる
——ジョナサン・スウィフト

あなたは巨大な船の舳先《へさき》に立っている。国際石油タンカーで、世界で最も危険な隘路《あいろ》を通過しようとしているのだ。空は青く、両岸が見える。南はオマーン、北はイランだ。この海峡の最も狭いところは幅33キロしかないが、船があまりにも大きいので、13隻のしんがりを務める本船は、幅3キロのところを航行するのだという(1)。

親しくなった船員は左舷のイランを指して言う。「私たちは監視されているのだ」と。イラン兵は、すぐそこにいる。攻撃にハイテク兵器などは必要ない。いや、レーダーすらいらない。シーレーンの狭さを考えると、イランが海上交通を止めるには数カ所に機雷を配備するだけでいいのだ。前方に目を向けると、アメリカ・イラン双方の軍艦が視界に入る。米艦相手に度胸試しをするイランに対し、アメリカが放水砲で牽制しているところにお目にかかれるかもしれない。お目にかかれないのは、今日も船舶の往来を水面下で守っているアメリカの潜水艦だ。おびえた様子のあなたに、船員は告げる。「1988年以来この海でアメリカとイランが撃ち合ったことはない」。ホッとしたのも束の間、彼は付け加えた。「この海峡はテロリストにとって格好の標的だ」

アメリカ海軍がこれだけ大量に投入されているのは、世界で取引される石油の約20%がこのホルムズ海峡を毎日通過しているからだ。この航路が閉ざされれば、数時間のうちに世界中で石油価格がパニックを起こすレベルまで急騰する。世界中の石油輸入国を攻撃しようと考えている連中にとって、ここは絶好の場所なのだ。これまでイランは、欧米の気に食わない行動への報復措置として、「タンカーの往来を止める」とたびたび警告を発してきたし、2011年にはイラン海軍の最高司令官が、海峡を封鎖するのは「コップの水を飲むよりたやすい」と発言したこともある。*そして、そういった事態を未然に防ぐのが、560キロ離れたバーレーンに司令部を置くアメリカ海軍第5艦隊だ。

どうしてアメリカが、こうした脅威を寄せ付けないようにする責任を負っているのだろうか。アメリカより中国のほうが、よっぽど石油を必要としているではないか。現在、ホルムズ海峡を通る石油の4分の3以上がアジア向けで、南北アメリカ向けは12%、ヨーロッパ向けはたったの8%だ。(2)しかも新エネルギー技術とアメリカの新燃費基準が定着するにつれて、ここを通る石油に対するアメリカの依存度はもっと下がっていく。実際アメリカでは現在、31州で原油生産が行われている。(3)これは記録的な数だ。非在来型エネルギーの生産技術が進歩することで、2020年にはアメリカで消費される石油の80％以上が西半球で生産され、国内生産は半分近くに上ることになる。国際エネルギー機関（ＩＥＡ）が２０１２年11月に発表した予測によると、２０２０年までにアメリカが世界最大の産油国になる可能性もあるし、20年以内にエネルギーを完全に自給できる可能性もある。

異論の余地はあるが、アメリカよりイランのほうが開かれたホルムズ海峡を必要としている。石油輸出はイランの財政収入にとって極めて重要であり、中国向けの石油と天然ガスの輸出量を考えると、中国政府はイランに対して海峡を通過する船舶を攻撃しないよう、強烈な政治的・経済的圧力をかけるはずだ。なにしろ、そのような行動をほのめかすだけで保険料が押し上げられ、とりわけ中国にとってコストが上がることになるのだ。

だが、ホルムズ海峡の自由航行が当たり前と思う余裕のある向きはどこにもいない。イランだろうと誰であろうと、もし1カ月海峡を封鎖したら、アメリカを含め、経済的衝撃は世界中を駆け巡る。アメリカは前ほど中東の石油を必要としていないが、相当量はこの先何年も依存するだろう。また、今のネットワーク化された世界経済では、たとえアメリカが最初の経済的衝撃波を逃れたとしても、間違いなく余波のあおりを受ける。しかもそれは間髪入れずにやってくることになる。ホルムズ海峡

＊過去には攻撃があった。１９８０年代のイラン・イラク戦争の際には双方が海峡に機雷を撒いた。１９８８年にはイランの機雷がアメリカのフリゲート艦をもう少しで沈没させるところだった。また、１９９０〜91年の第1次湾岸戦争では、イラクがペルシャ湾北部に1万３０００基の機雷を設置し、アメリカの軍艦２隻が大破した。

が経済活動のために開かれていることを確実にするのは、アメリカにしかできない長期的コミットメントであって、それが今後10年の間に変わることはない。たしかにジョージ・ワシントンは、将来の大統領と立法府に対して、くれぐれも国外の問題に巻き込まれることのないよう説いたが、アメリカの初代大統領としてこのような問題は夢にも思わなかったはずだ。

＊＊＊

アメリカの外交政策は、アメリカがより安全で豊かになるように設計されるべきだ。そして遠く離れた地についても、何のコストもリスクも受け入れなくても、アメリカが自らの利益を守り、より豊かになれると思うのは愚かなことだ。前章で述べた考え方では、「独立するアメリカ」を造ることができない。あれは「孤立アメリカ」であって、「丘の上の輝ける都市」としてのアメリカと言っても、その丘は空想に過ぎない。世界にはやるべきことがあり、それをアメリカがすることは国益にもかなっているのだ。

アメリカの国家安全保障を守るには、意志と能力を有し、志を同じくする者との連合をアメリカ政府が率いて、核兵器の拡散を防止し、アメリカ本土へ壊滅的な攻撃をする手段がテロリストの手に渡らないようにするため、あらゆる手を尽くさないといけない。アメリカ経済の運命は世界経済の運命と結びついている。だから、アメリカの外交政策は、戦争のリスクをできるだけ減らすこと、そして貿易・投資を通じてできるだけ多くの国が安定を志向するようにすることを通じ、世界の経済成長を促進しないといけない。国内の繁栄を守るには、新しい貿易・投資上の結びつきを形成していくのだ。そして、こうしたすべてを賄える範囲内で行わないといけない。

選挙で選ばれたアメリカのリーダーたちが、国民の支持なく野心的な外交政策を行うことができないのは事実だ。だが、現在その支持がないとすれば、それは我々の選良たちがある課題について、なぜそれをしなければいけないのか、なぜアメリカがするのか、そしてそれがどう我々の利益につながるのか、きちんと説明してこなかったからだ。アフガニスタンとイラクが、国外における高くつきかねないコミットメントを忌避するように国民を仕向けている。だが、あの拙い計画に基づく外交政策上よりましなことが、我々にできないというわけではない。我々は、未来から逃げることはできない。さらなる脅威、さらなるコスト、さらなるチャンスがある。そしてアメリカの政策決定者には、それらに立ち向かっていく用意がなければならない。

2003年にマイケル・ルイスが『マネーボール』[4]というベストセラーを出した。それは貧乏球団オークランド・アスレチックスのゼネラルマネジャーであるビリー・ビーンが、超合理的で厳格な手法を使って常勝フランチャイズを創り上げた実話だ。より少ないものでより多くを行うことを必要としたビーンは、昔からのあらゆる前提を問い直し、あらゆる常識を打破し、見慣れたものの先を見通して、成功するチームの作り方を根本的に変えたのだった。

マネーボール外交政策は、納税者の投資に対するリターンを最大化するように、世界の中のアメリカの役割を定義し直す、冷徹かつ利益中心のアプローチに依存する。アメリカには、他の誰も引き受けられない責務がいくつかあるが、可能な限り負担を捨て、チャンスを拾い、利益を出すことにリーダーたちは集中する。あらゆる場所で警察官を務めることはできない。マネーボールの目的はアメリカの価値を高めることであって、価値観を広めることではない。教条的な孤立主義より、アイゼンハワー大統領が呼びかけた、アメリカをより安全で豊かにする合理的な外交政策のほうにずっと近い。

安全保障

どんな大統領にとっても最も厳しい選択は、〝戦争をするしかない〟という判断だし、過去において戦闘に消極的であったことは、アメリカにとって良い結果をもたらしてきた。アメリカを超大国にしたのは、単に2つの大戦に勝ったからだけではなく、参戦が遅かったからでもある、と言う「独立するアメリカ」の議論を支持する人々は正しい。遠方の地における戦いへの参加をできるだけ遅らせたことは、ライバルとなりうるすべての国に対するアメリカの政治的影響力と経済力を相対的に高めた。

とはいえ両大戦の間に、アメリカのリーダーシップを必要としない世界に引っ込むことができると孤立主義的な政策決定者たちが考えていた年月のことを忘れてはならない。アメリカ政府は、アメリカの利益にならないところでは決して戦争をしてはならないが、我々の安全と繁栄がかかっていることが明らかな場合にも、戦いを忌避するようなことがあってはならない。また、武力行使という脅威が、成功する外交の不可欠な要素であることも忘れてはならない。もしアメリカ政府が、21世紀の国民が要求する効果的な（しかも費用対効果の優れた）マネーボール外交政策を行うのであれば、選良たちには最先端の軍隊が必要になる。また、どういった場合に戦争が、アメリカの利益を守る最後にして最善の手段であるかを判断する、明確かつ首尾一貫したガイドラインも必要だ。

幸いなことにコリン・パウエルがそれを提供してくれている。パウエルは、統合参謀本部議長および国務長官として、アメリカの軍事、外交双方の最高責任者を務めた。1990年に初めて述べられた「パウエル・ドクトリン」は、キャスパー・ワインバーガーが国防長官だったときに作った枠組みを詳しくしたものだ。パウエル版では、主にベトナム戦争から学んだ教訓に基づいており、次のとおり賢明なマネーボール的思考を反映する、常識にかなった意思決定の諸原則を提供している。大統領および連邦議会は戦争を検討するとき、次の質問に答えなければいけない。

①必要不可欠な国家安全保障上の利益が脅かされているか
②アメリカに明確かつ実現可能な目的があるか
③リスクおよびコストが、十分かつ率直に分析されているか
④非暴力的な政策手段がすべて尽くされたか
⑤泥沼から抜け出すための妥当な出口戦略があるか

⑥アメリカの行動がもたらす結果について、十分に検討されているか
⑦アメリカ国民がその行動を支持しているか
⑧広範囲にわたる真の国際的支持があるか

これらの質問に対して1つでもノーがあれば、戦争という答えにはならない。

質問を念頭に置いて、アメリカがイラクのサダム・フセインと戦った2度の戦争を比較してみよう。1990年8月にイラク軍が隣国クウェートを侵略し、さらにサウジアラビアとの国境を越え、サウジ、カタール両軍が米海兵隊の支援を受けて追い出すまでの短期間ではあったが、サウジアラビアの産油地帯である東部州のカフジ市（サウジ側）を占拠した。ブッシュ（父）大統領はフセインに対してクウェートから撤退するよう命じたが、フセインは拒否した。そこで1991年1月、米軍がクウェートからイラク軍を排除し、イラク経済を麻痺させるべく制裁を実施した。

12年後の2003年、2人目のブッシュ大統領が2度目の戦争を仕掛けたが、今度はフセインを打倒し、イラクの大量破壊兵器を破壊し、民主主義の種をまくように仕組まれていた。そしてこの2つの戦争が、アメリカの国益にかなうように合理的に設計されたマネーボール外交政策と、この高い基準をあらゆる点で満たしそこなっている外交政策との違いを描き出している。

必要不可欠な国家安全保障上の利益が脅かされていたか

1990年当時のフセインは、クウェート、そしてひょっとするとサウジアラビア東部の石油生産を支配することにより、エネルギー価格を押し上げるために産油量を減らすだけで、アメリカ経済を不況に陥れるのに十分なだけの世界の石油シェアを支配できていたはずだった。その意味で彼は、世界中の石油輸入国の経済のみならず、アメリカの必要不可欠な国益をも脅かした。だが、1991年の制裁によって、フセインは大量破壊兵器を作り出す手段を失ったため、再びアメリカの必要不可欠な国家安全保障上の利益を脅かすことはなかった。同様に重要なのは、二度目の戦争ではフセインが倒されてからもイラクを安定化させ、再建するために米軍が8年間も同国にとどまったことだ。戦争の焼け跡から立ち上がった反乱軍が、アメリカの国家安全保障を脅かしてなどいなかったのに。

アメリカに明確かつ実現可能な目的があったか

1991年の場合、答えはイエスだ。ブッシュ(父)大統領の目的は、フセインの軍隊をクウェートから撤退させ、イラク経済を孤立させることによって彼の政権を弱体化させることにあった。アメリカ主導の戦争が数日のうちにイラク軍を追い払い、フセインがついに完全には逃れることができなかった制裁を実施した。2003年の場合の答えはノーだ。明確かつ実現可能な目的がなかった。フセインを権力の座から排除したものの、大量破壊兵器が見つからなかったところで、戦争の目的が不明確になった。イラクの占領は、アメリカをより安全にするという意味でもより豊かにするという意味でも、何の役にも立たなかった。

リスクおよびコストが、十分かつ率直に分析されたか

1991年に政策決定者たちの議論の中心となったのは、イラク軍をバグダッドまで追いかけ、フセインを捕まえるべきかという問題だった。ブッシュ（父）大統領は比較衡量の結果、イラク国内における戦、そしてイラクを新しいリーダーの下に再建するのはリスクとコストが大きすぎると判断した。一方、ブッシュ（子）大統領は、イラクの大量破壊兵器の問題を十分分析せず、イラクの長期的な占領によって、アメリカの人命、財政、国際的評判にどのようなコストがかかるのか、現実的な評価を行うことを怠った。

非暴力的な政策手段がすべて尽くされたか

1991年のフセインには、クウェートからの自発的撤退を含む取引をすることで面目を保つ余地が残されていた。だが、好ましくない選択肢であったにせよ、他には勝ち目のない戦という道しかないということが彼にはわからなかったのかもしれない。いずれにせよ、彼が後に引かないことを知ったブッシュ（父）大統領としては、クウェートの石油とそれに伴う新たな力をフセインが掌中に収めるのを容認するか、戦争を始めるかだった。これに対して2003年のブッシュ（子）大統領には、何もしないという選択肢があった。自分の父が作った檻の中にフセインを閉じ込めておくほうが、拙い計

画に基づく戦争よりアメリカの利益にかなっているという判断だって十分できたはずだ。要するに、イラクのクウェート侵略が最初の戦争をほぼ必至としたのに対して、2つ目の戦争は選択に基づく戦争だったのだ。

泥沼から抜け出すための妥当な出口戦略があったか

ここが両者の最も対照的なところだ。1991年の戦争は、ブッシュ(父)大統領が2月24日に米軍を投入して始まり、2月28日までにイラク軍はクウェートから排除された。3月3日に正式な停戦により紛争が終了し、3月17日から米軍の帰国が始まった。2つ目の戦争は2003年3月に勃発し、最後の米兵がイラクを離れたのは2011年12月だった。父の戦争は1カ月とかからなかったが、子の戦争は9年近く続いたのだ。

アメリカの行動がもたらす結果について、十分に検討されたか

軍に戦闘を命じるとき、その決定がもたらすすべての結果を見通せる者はいないが、ここでもまた違いは明らかだ。ブッシュ(父)大統領の意図は、クウェートからイラク軍を排除し、サウジアラビア侵略を阻止し、域内の安定を回復し、米兵を帰国させ、制裁を賦課することにあった。これは国家安全保障担当補佐官ブレント・スコウクロフトの賢明な助言によるところも大きい。2005年に発表されたスコウクロフトのインタビューが、アメリカの利益を注意深く考慮した外交政策上の判断と

道徳的な怒りや行動を求める民意に基づく判断との違いを浮き彫りにしている。

スコウクロフトが述べたのは、大統領は〔1990年の〕戦争の必要性を訴えるために道義的必要性を口にしたが、自分が大統領に助言するときは、善悪についての自分の感情で左右させるようなことはしなかった、ということだった。米軍がイラクの首都バグダッドまで進攻するのは、わけないことだ。問題は、米軍がバグダッドに入ってから起きることだ。「我々はせいぜい、よくて敵意に囲まれた占領軍になるところだった。ゲリラが物陰から撃ってくるし、いったん入ったとして、どうやって抜け出すのだ。退去する理屈はどうする。〝出口戦略〟という言葉は好きではないが、もしイラクを手中にしたとして、それをどうするのだ」と彼は述べた。[5]

中東におけるアメリカの軍事行動は、必ず敵意を呼び覚ます。イラクとの最初の戦争で、聖地メッカとメジナを擁するサウジアラビアに米兵が足を踏み入れたことが、オサマ・ビン・ラディンをはじめとするイスラム過激派の怒りをあおったと考えられている。[6]

だが、アメリカの利益に直接かつ劇的な打撃を与えたのは2度目の戦争だ。米兵は「解放者として迎えられる」どころか、第2次世界大戦より長く紛争に引きずり込まれていった。2003年3月にポール・ウォルフォウィッツ国防副長官は議会証言で、イラクは石油輸出によって「自らの復興を賄う」ことができると述べた。[7] ブッシュ（子）政権は、戦争がもたらすアメリカの納税者の負担は、イラク復興を含め500～600億ドルだと予想した。だが、2013年には、ブラウン大学と提携する非営利団体の「コスト・オブ・ウォー・プロジェクト」が、実際には1・7兆ドルかかったという推計を発表した[8]。それに復員軍人給付の長期的コストを加えると、2兆ドル以上に膨れ上がる。この戦争がアメリカの納税者、兵士、同盟諸国、そしてイラク人にどのようなコストと結果をもたらすか、最も基本的なことすらブッシュ（子）政権は理解していなかったようだ。

アメリカ国民がその行動を支持していたか

ピュー研究所の世論調査によると、ブッシュ（父）大統領は国民の55％の支持の下に1991年1月の開戦を決断し、素早い勝利がこの支持率を80％まで押し上げた。もっとも、その後の景気後退の影響で、翌年には再選の夢が破れたのだが。10年以上経ったのち、息子の戦争に対する国民の支持はさらに高く、国民の77％が2003年のイラク進攻を支持した。だが、両戦争についての評価は時の試練にどう耐えたか。1度目の戦争から10年後の2001年、アメリカ人の63％が戦いを選んだブッシュ（父）大統領の判断が正しかったと答え、反対は1％しかなかった[9]。これに対して2008年4月には、まだ進行中だった2度目のイラク戦争を支持する割合は37％しかなく、57％が反対だった[10]。両大統領とも戦争を選ぶのに必要な国民の支持があった。だが、ブッシュ（子）大統領のほうは、何年も続くことを知るべきだったコミットメントへの支持を保ち続けることができなかったのだ。

広範囲にわたる真の国際的支持があったか

1度目の戦争は30カ国以上の政府が支援し、そのうち14カ国は各1000名以上を派兵した。2度目の戦争で1000名以上を派兵したのは、イギリス、オーストラリア、スペイン、イタリア、ウクライナ、ジョージア（グルジア）だけだったものの、当初は前回以上の政府が支持した。ただし、ブッシュ（子）大統領は、NATO同盟国であるフランスとドイツの強い反対を押しきって開戦に踏み切った。そして2004年には国連事務総長のコフィ・アナンが、国連憲章に従えばフセインに対する2度目のアメリカ主導の戦争は「違法」だと述べた。[11] イラクがクウェートを侵略し、サウジアラビアに対する脅威にもなったことは、フセイン排除に向けて世界の大部分を団結させた。だが2度目の戦争では、およそそのような支持はなく、しかも従来からの同盟国の強い反対に遭っていたのだ。

戦争に疲れたアメリカ人にとってはイラクのことで議論するのはもううんざりだが、真に国益にかなう外交政策、アメリカ人の命や納税者のお金を無駄にせずに国民の支持が保てる外交政策を構築するには、この2度にわたる戦争が与えてくれた教訓を学ばなければならない。コリン・パウエルは国務長官として、2003年の戦争の必要性を売り込むうえで重要な役割を果たした。だが、そのことで、戦争がどういう場合に必要で、どういう場合に必要でないかを判断する指標となるパウエル・ドクトリンを使うことをためらってはいけない。政治的先入観が理性をゆがめ、自らの歴史がもたらす重大な教訓、とりわけ最悪の失敗から学べるものを覆い隠してしまうことが多すぎる。我々アメリカ人は、そういった政治的先入観を排除すべきである。

戦う理由として間違っているもの

その教訓の中でも重要なものは、いかなる大統領も議員も、戦争に関する決定を自分または国の度胸試しとして扱ってはならないという点だ。２０１４年にロシアがウクライナを攻撃したことは、国家間ではむき出しの武力が依然として切り札であることを政府の一部にしらしめ、合理的に設計されたマネーボール外交政策の根拠を傷つけた。ロシアのウラジミール・プーチンは、何年にもわたって冷徹な政治指導者としてのイメージを育んできており、ソ連時代の配下への攻撃――２００８年のジョージア（グルジア）と２０１４年のウクライナ――に対して、彼のやりすぎを咎め、誰が一番偉いかを見せつけるために米軍が駆けつけなかったことに、一部のアメリカ人は落胆した。オバマ大統領を批判した人々の一部は、選挙の年にありがちな政治的思惑に駆られていた一方、アメリカの武力を危険なまでに妄信し、武力行使が意味をなさない場所で武力行使に駆り立てられている人々もいた。

「実力を誇示する」ことへの偏向を、外交政策の基礎とするのは愚かなことだ。１９６２年10月、ジョン・Ｆ・ケネディ大統領は、ソ連のミサイルが持ち込まれたキューバに侵攻すべきだと主張する軍事アドバイザー数人からの圧力を退けた。彼の毅然とした断固たる態度によって、どれほど核戦争が間近に迫っていたのか、あるいはどれだけのアメリカ人の命が失われるところだったのか、幸いにして私たちは知らずに済んだ。ケネディは、ソ連からキューバへの再補給を絶つ海上封鎖、そしてトルコの米軍ミサイル基地をめぐる秘密裏の外交取引によって、冷戦時代の最も危険な直接対決を平和裏に収束に導いた。たしかな武力を後ろ盾にして、現実を見据えた外交が成功し、核の脅威は回避できた。失われた人命は、アメリカのパイロット2名だけだ。* そしてアメリカの国民は、無用な戦争の代償を払わずに済んだ。

とはいうものの、アメリカの大統領が武力を行使しないと判断すると、必ずそれに乗じて、ホワイトハウスのせいでアメリカが弱く見られたという批判の声が内外で上がる。そういった批判をする人の多くは、利己的な動機を持っている。国外の批判者は、自分たちのために行動を取らせようと圧力をかける。国内の批判者は、攻撃対象の大統領が次の選挙で負けることを望む。だが本当に強いリーダーは、国の利益になるように行動することだけを心掛けている。マネーボールという方針の下では、いつどこで戦うかはこちらが決めるのであって、戦いの条件もこちらが設定するのだ。

無用な対決を避ける勇気を見せた大統領は、ケネディだけではない。民主党は、1980年に大統領に当選する前のレーガンを、反動的で好戦的な扇動家であって、平和と繁栄を実現するより冷戦を本物の戦争にエスカレートさせる可能性のほうが高いと攻撃した。ところがレーガン大統領の最も賢明で勇気ある外交政策上の判断の一つは、たいがいの大統領なら臆病者とレッテルを張られるものだった。

1982年、イスラエルがレバノンに侵攻した。同年夏の終わりまでに米海兵隊800名、イタリア兵800名、フランス兵400名からなる多国籍平和維持部隊がベイルートに到着している。これは、パレスチナ兵を安全に出国させ、対立する勢力間の緩衝国としての役割を果たすのが目的だった。だがその後の1年間、レバノンの治安は劇的に悪化する。1983年10月23日の早朝、小さなイスラム過激派グループが史上最も大きな成果をあげたテロ攻撃を行った。10トン以上のダイナマイトを積んだトラックが多国籍部隊の兵舎に突っ込んだのだ。この自爆テロで241名のアメリカ兵が落命した。これは海兵隊の1日の死者数としては1945年の硫黄島の戦い以来の数だ。そして数分後には2つ目のトラック爆弾が別の兵舎を襲い、フランスの空挺兵58名が死亡した。(12)

これを受けてレーガン大統領が反発を示したのは、意外なことではなかった。さらに政権内には、犯行グループがイラン政府とつながっていたことは、イラン軍の中でも政治的に強い立場だった「イスラム革命防衛隊」を攻撃したアメリカを正当化するものだと主張する者もいた。だが、キャスパー・ワインバーガー国防長官は、海兵隊の投入についてはレーガン大統領を説得できなかったが、イランに対する報復については内部論争に勝った。彼は、イラン関与の証拠が状況証拠でしかなく、しかも報復攻撃も何ら有用な目的達成に役立たないと強く主張した。レーガンはまた、海兵隊が「逃げ出す」ことはないとも強調し、「事態が収まるまで（とどまらないといけない）。我々はレバノンについて重大な利害関係を持っている。また、我々がレバノンで行っていることは世界平和のためでもあ

＊U2偵察機のパイロット、ルーディ・アンダーソンは、キューバ危機最後の日に撃墜された。グレン・ハイド大尉は、キューバ危機終息後に、乗っていた偵察機が故障した。

る」と論じた。

だが現実は、海兵隊だけでは事態を収められず、アメリカはレバノンについて重大な利害関係もなく、米軍の存在が世界平和のためになっているわけでもなかった。そしてレーガンは、まもなく意見を変える勇気を奮い起こした。1984年2月、彼はレバノンからの海兵隊撤収を発表し、3週間以内に全員がレバノンを離れた。ここから何を学んだのかをのちに聞かれたワインバーガーは、次のように答えた。

任務が必要です。何がしたいのか、わかっていないといけません。武力を使用するのは、すべてが失敗に終わったときの、最後の手段でなければなりません。そして使用する場合には、圧倒的な勢力をもって行使し、目的を勝ち取ったらさっさと引き上げることです(13)。

これがワインバーガー・ドクトリンで、パウエル・ドクトリンのもとになったものだ。それは主にベトナム戦争に触発されたものだったが、ベイルートにおける人命の屈辱的な喪失がその教訓を甦らせた。もっとも、マネーボール外交政策の価値は、単に拙い計画に基づく、人命のかかったコミットメントを避けるという点だけにあるのではない。それは、間違いを認め、正しく修正判断を行い、内外から本人の胆力やアメリカの実力に対する批判があったとしても、その判断を守り抜くことだ。国民（あるいは大統領自身）が怒っているからといって戦争を始めてはならない。決意のほどを示すために戦争を始めてはならない。原理原則を守るために戦争を始めることは絶対にあってはならない。成功する外交政策の構築は、単なる意志の問題ではない。ビジョンと気質が試されているのだ。

コストに注意

「独立するアメリカ」の支持者たちが、今の外交政策を経済的に賄っていくことはできないと言うのも正しい。コストを合理化しないといけない。アメリカは帝国主義大国ではないし、決してそうなってはならないが、挑戦者たりうるすべての国の軍事費の合計額より多くの予算を軍事に投入している。しかもあまりにも多くを的外れな武器に費やしているのだ。米海軍が保有する12の空母打撃群は、世界のあらゆる地域に武力を投射し、雇用を生み、アメリカの威信を高めている。だがこのハードは、他国政府からの通常の軍事的脅威にしか対抗できない。つまり20世紀の戦争を戦うべく作られているのだ。それは、避けたほうがいい紛争に米軍を投入する力を大統領に与えるが、政府を排した国の再建には使えない。化学・生物・核兵器を持つテロリストから我々を守ってくれないし、サイバー攻撃に対してはまったく役に立たない。いつの日か、中国かロシアがアメリカを攻撃するとしたら、巡航ミサイルや原子力潜水艦ではなく、サイバー空間で攻撃を仕掛けてくる可能性のほうがずっと高いというのに。

アメリカは、すべての地域において影響力を持つ唯一の国であり続けられるが、それもコストとリスクを共有してくれる我々のパートナーがいてこその話だ。我々は、世界の隅々で支配的存在たる余裕はない。対照的にマネーボール外交は、志も能力もある友邦、同盟国に頼るパートナーシップを構築するよう導くのであって、その結びつきはこうしたパートナーシップの外にとどまる国々、いや敵さえも含め、各地域のすべての主要国の利益、価値観、そして懸念事項を尊重することが前提だ。特定の課題において、進んで仲間になる国がいなければ、引き下がるのが一番だ。

コストを管理する最善の方法は、世界の隅々まで警備しないことだ。アメリカ政府はむしろ、地域ごとにパワーバランスを構築し、それを支持すべきだ。(14) アメリカは、ラテンアメリカとサブサハラ・アフリカにおいて利害関係を有しているが、これらの地域はアメリカの安全保障や繁栄をほとんど脅かしていない。西ヨーロッパ自体は、深刻な安全保障上の課題がない。だから次期大統領が「マネーボール」を採用すれば、外交政策がこれらの地域を無視しているという批判を気にせず、もっぱら東アジア、ユーラシア、北アフリカ、中東に集中できるようになる。

東アジアでは地域全体、特に中国との間で戦略的均衡を追求すべきだ。アメリカ政府は、まず中国の近隣諸国、特に日本、韓国、インドネシア、ベトナム、フィリピンとの安全保障および経済に関する結びつきを強化しないといけない。それは、経済面において、これらの国々が中国との確固たる結びつきを形成するのを防ぐためではなく、そういった結びつきを形成しつつ、中国政府に過度に依存しないようにするためのものだ。ただし、これらのパートナーは、中国を無用に挑発したとしても、アメリカが助けてくれるわけではないことを理解しないといけない。アメリカの支持は、決して無条件であってはならないのだ。

アメリカ政府はまた、中国との貿易・投資上の結びつきを強化することで、国民が中国の台頭に裨益し続けることを確保するとともに、両国の関係と域内全体の安定を促進する経済的相互依存を深め、アメリカがアジアへの関与を深めることが中国にとって損になるわけではないと、中国政府を安心させなければならない。「独立するアメリカ」の支持者たちは、東アジアにおけるライバル関係は我々に何の関係もない話だと言うだろうし、オバマ政権はいかなる戦略にも十分コミットしてないように映りがちだ。マネーボールという手法は、より貿易・投資に依存しつつ、いつまでも守り続ける余裕のない安全保障上の保証に、これまでのように依存しないよう我々を仕向けていくことになる。アメリカの経済上、安全保障上の利益は東アジアにおけるパワーバランスを必要としており、それを先頭に立って維持できるのはアメリカだけなのである。

いったん大統領が優先課題を決めたら、政権がぶれないことがとても大切だ。いろいろと邪魔が入るのは、大統領という仕事にはつきものだ。オバマ政権は、1期目に「アジア・ピボット」、とりわけ東アジアにアメリカの安全保障政策と通商政策をより強く集中させる計画にコミットした。そして、この地域が次世代の世界経済にとって最も重要である一方、危険なライバル関係が多すぎることを考えると、アメリカの計画は賢明であり、マネーボール的アプローチとしてはまったく文句のつけようのないものだった。

だが、2期目に入ったオバマ大統領は、双方ともにおぞましい悪徒のいるシリアでの紛争、そして歩み寄る気配すらないイスラエルとパレスチナの和平実現という、無謀な試みに気が取られてしまった。アメリカは、すべての問題を解決することはできない。アメリカの国家安全保障と経済的機会を高めるのに最も適したところに注力すべきだ。次期大統領は、範囲を絞った目標を踏まえ賢明に設計された計画を作り、その計画からぶれないようにしなければならない。しかしアジアへのピボットが素晴らしい出発点であることは変わりない。

ロシアとの関係に対処していく際には、マネーボールの手法に従えば、ヨーロッパの主導をアメリカ政府が容認せざるを得ない。ドイツ、イギリス、フランスのほうがロシアとずっと深い経済的結びつきを持っている以上、これらの国々の利益が最も大きくかかっており、したがってロシアによる侵害に対して最も政治的代償を引き出せる立場にもある。国家的自尊心は今も強い政治の原動力だ。そして世界の警察たらんとする試みは、ソ連が東欧やソ連内部ですら遭遇し、アメリカがベトナムやイラクで出くわしたナショナリズムの反発を招く可能性が、マネーボールの手法よりずっと高い。近隣諸国の国家的自尊心を損ねる侵害者の役割は、ロシアに任せておこう。アメリカは、他所で失った信用をある程度、取り戻せることになる。(15)

だからといってアメリカに、ウクライナをめぐる紛争で果たすべき役割がないわけではない。アメリカ政府は、気に食わないロシアの行動に対して、制裁などを活用できるはずだし、活用すべきだ。だが、ロシアを孤立させる力や、核心的利益がかかっているとロシア政府が思うものについて、その政権の行動を変えさせる力がアメリカ政府にあるという幻想を抱いてはならない。「独立するアメリカ」の支持者たちは、ロシアの行動は我々に対する脅威ではなく、我々の問題ではないと言う。今の政府関係者は、まるでウクライナを救う道義的責任が我々にあるかのように言う。だが、いずれも間違っている。マネーボールでは最小の投資で最大の利益をあげる必要がある。直接ロシアと対決するのは、正式な同盟国が攻撃されたときに限られる。そして、そう脅しをかけてロシアの敵対的行動を阻止できるのは、アメリカだけなのだ。

中東におけるパワーバランスを最もよく体現しているのは、イランとサウジアラビアとのライバル関係だ。マネーボール外交政策の下でアメリカは、双方に開かれた建設的な関係の維持に取り組むことになる。アメリカ政府としては、イランとの間で（いつも前向きとはいかないにしても）もっと現実主義的な関係を構築していくべきだ。それがまた、サウジアラビアとの結びつきを強化する重要性を高める。サウジアラビアは自国の安全保障について、アメリカからより明確なコミットメントを求めている。そして、次のアメリカ大統領にはそれができる。

両国間で相互に利益をもたらす貿易・投資関係を構築することが、イラン国民に彼らが求める繁栄を手にするチャンスを与え、政府がイラン国民を世界から孤立させることをより困難にする。サウジアラビアには、中東全体に戦火を広げる恐れのある、イランとの争いを回避する勇気を与えることになる。

アメリカは中東で唯一、信頼に足る友邦イスラエルの安全保障の増強を手助けすべきだが、パレスチナに対する行動をすべて支持する必要はない。イスラエルは、国民に脅威を与える者を殺害する権利は当然にあるが、パレスチナの民間人を大量に殺傷することはアメリカの利益にかなっていない。アメリカは中東における安定したパワーバランスを必要としており、それを支えられるのもアメリカしかいない。

テロリズムと戦おう

アメリカの安全保障と繁栄に対する最大の脅威が、テロリズムによる直接的な危害ではなく、テロリズムをきっかけとして我々が自らに加える危害にあるというのは正しい。この問題を避ける一つの方法は、国外で効果的なテロ対策を展開することだ。孤立主義は、リスクを減らして利益を最大化するという我々の本能に大いに訴えるが、周りが我々をほっておいてくれると思うのは危険なまでにナイーブだ。アメリカはどの国よりも国際的な対テロの戦いをリードするために多くのことができるし、またしなければいけない。

イラクやシリアにおけるイスラム国は、中東全体の安定を脅かすようになるかもしれないし、いずれ欧米でもテロ攻撃を推し進めるかもしれない。中東における小さな問題が大きな問題になるまで、アメリカ政府がいつまでも無視し続けるわけにはいかない。イスラム国を直ちに解体・破壊することはできないにせよ、孤立したままにするための国際的努力をアメリカがリードすることはできるし、すべきだ。だが地上軍をイラクに派遣するという意味ではない。このコミットメントの成否は、アメリカの戦闘力と同じくらいアメリカ政府の国際的な調整能力にかかっている。この点に関しては、アメリカのサウジアラビアとの結びつきが重要になる。なぜなら、サウジアラビアはイスラム国の存続に利益を有する唯一の既存勢力だからだ。

加えて、ある報道によればアメリカの特殊部隊は現在、アフリカのブルキナファソ、南スーダン、ケニア、ウガンダ、ジブチ、セイシェルの航空基地を使って、マリ、ニジェール、イエメン、ソマリア、ナイジェリア、コンゴ民主共和国、中央アフリカ共和国、スーダンのアルカイダ系過激派の情報収集・攻撃を行っている。(16) ソマリアの「アル・シャバーブ」、ナイジェリアの「ボコハラム」、イエメンの「アラビア半島のアルカイダ」などアルカイダ系組織は、アメリカ政府が尊重するアメリカ国民の人権などは気にも留めない。むしろ欧米を標的にしたいのだ。そして、彼らを触発したアルカイダの中核は、依然としてアメリカを狙っている。

ドローンを使おう

小型無人飛行機（ドローン）はアメリカ人を狙う者にとって、低コスト・低リスクで殺す手段である。米軍はそれを使うべきだ。だがドローンが民間人を殺してしまうというのも事実だ。マネーボールという外交手法も、アメリカの行動によって老若男女が死ぬリスクを軽減すべく力の限りを尽くすという道義的責任から、アメリカのリーダー・司令官を解放してくれるわけでもない。だが、彼らの命を奪う武器が従来のものであれ、遠隔操作によるものであれ、罪のない人が死ぬのは紛争の常であることも認めざるを得ない。その点では、ドローンといえどもアメリカが持っている他の兵器と何ら変わりはない。

たしかにドローンは、使用対象国の統治者を骨抜きにし、敵ではない国の政府との関係を損なう。だが、パキスタン、アフガニスタン、イエメン、ソマリアの政府関係者は、アメリカより自分たちのほうがドローン攻撃の大きな脅威にさらされていると理解している。ドローンの使用が国際法に違反するという議論もあるが、もしそれを理由にドローンの使用を反対するのであれば、オサマ・ビン・ラディンを殺害した有人攻撃にも、同じくパキスタンの領土主権を侵したとして反対するのが筋だ。その場合、世界で最も危険なテロリストを殺害する機会より、パキスタンの領空の不可侵性を尊重することになる。たしかに、道義的には一理ある。しかし、差し迫った脅威に直面したリーダーには、ひどい選択肢ばかりの中から選ばなければならないことがしばしばある、という現実を無視するのは正義に反する。また、正直でよく考え抜いた別の選択肢を提示することなく、リーダーの選択を批判するのも正義に反する。

「独立するアメリカ」の支持者は、ドローンは殺した敵より多くの敵を作り出すし、また、アメリカの民主主義を完全なものにしたほうが、より多くの人々がアメリカのファンになると言う。だが、オハイオ州にもっといい学校を建て、アーカンソー州にもっといい病院を建てれば、アフガニスタンとパキスタンの国境周辺に住む部族の青年たちが過激なイデオロギーを信じなくなると言うのか。アメリカの政策決定者たちが国民の人権に対するコミットメントをさらに強固なものにすれば、ソマリアの聖戦主義者たちが欧米を標的にしなくなり、世界中のアメリカ大使館がより安全になると言うのか。リーダーたるもの、現実の世界においては数ある悪い選択肢の中からましなものを選ばなければいけないことが、たびたびある。ドローンは、米軍にとってずっと小さなリスク、そしてアメリカ経済にとってずっと小さなコストで、軍事目的を達成することができる。ドローンを使おう。

単独行動をとるな

ロシアのウクライナ介入は、ある意味、マネーボール・アメリカにとってはありがたいことだった。気が進まない多くのヨーロッパの（そしてアメリカの）人々に、NATOには依然として存在理由があり、そこにリソースを投入するだけの価値があることを納得させたからだ。NATO加盟国は、どの国にとっても単独でするより多くのことができる。

アメリカのNATO無用論者は、同盟国という縛りから離れてアメリカ政府が行動すべきだという主張を捨てなければいけない。なぜなら、NATOこそが、意志・能力・思想を同じくする同盟国と、危険と負担を分担できる効力を持つからだ。これはアメリカの兵士にとっても、納税者にとってもいいことだ。

そしてアメリカのリーダーはできるだけ「後方からリードする」ようにすべきだ。「後方からリードする」というセリフは、オバマ大統領が思いついたものではなく、彼のアドバイザーが匿名でインタビューされたときに使ったものだ。(17)

後方からリードすることによって、将来の大統領は紛争のリスク管理およびコスト管理をしやすくなる場合がある。2011年、リビアにおいてカダフィが国民を何万人も殺すと誓ったのを、NATO加盟国14カ国とその他の4カ国が阻止し、カダフィを権力の座から追いやった。フランス、イギリス、イタリア、カナダ、デンマーク、ノルウェー、ベルギーなどが、NATOの標的のうち90%を攻撃した。スペイン、オランダ、トルコ、ギリシャ、ルーマニアが、海上で武器禁輸を実行した。スウェーデンはNATO加盟国ではないが、海軍および空軍の要員と装備を提供した。アラブ首長国連邦、カタール、ヨルダン、モロッコもまた貢献した。(18) そして、アメリカは1人の死傷者も出さずに済んだ。(19)

大事なのは、力仕事を他国がすべてやるようアメリカ政府から説得すべきだ、ということではない。NATOのジェット機が攻撃を成功させられたのは、すでにアメリカの巡航ミサイルがリビアの防空網を完全に破壊していたからだ。また、ヨーロッパ勢の精密誘導ミサイルが足りなくなると、アメリカ政府が補給していた。(20) アメリカがいなければ、作戦自体があり得なかった。NATOは危険な悪党をこの世から除去したかもしれないが、安定したリビアを作り出していないと批判する人もいる。だが、この批判は的外れだ。マネーボールの観点からは、目的は爆撃を通じてリビアに民主主義をもたらしたり、戦争を始めたり、場当たり的な国造りをすることではない。リビアの国民をカダフィが握っていた運命から救い、自らの将来を建設するという長い道のりに立たせることにあった。新しいリビアを造るのは、リビアの国民なのだ。

リビアは特殊なケースだった。たとえばシリアでは、大勢の民間人を死なせることなく爆撃するのは容易ではないし、結果的に中東の大部分を不安定化させることもありうる。バシャール・アサドを攻撃すれば、イランの核開発計画をめぐる交渉が継続不可能になっていたかもしれない。こちらのほうがアメリカの利益にとってはずっと重大だ。

だがアメリカの大統領は、いつ、いかなる場合も、強気な発言や行動への衝動を抑えなければいけない。これは子供のケンカではないのだ。時と場合を選べば、後方からリードするのがマネーボールらしい成功の手段となる。先頭だろうが後方だろうが、あのような作戦活動を率いることができたのはアメリカだけだ。リビアではそうする必要があったし、近い将来、どこかでＮＡＴＯの武力行使が必要になるだろう。

特に敵とは交渉しよう

マネーボールの考え方では、より控えめで現実的な外交政策、他の強国の核心的利益を尊重する外交政策が求められる。リベラル、保守を問わず孤立主義者は、暴君との対話の必要性を否定する。フィデル・カストロと握手したり、イランの大統領と並んで笑顔を見せたりすると、あらゆるところから非難が殺到する。だが、サウジアラビアはいわば同族会社であって、人権に関する実績は我々が知る以上にひどいものだ。

ところが我々は、サウジアラビアの石油を買う。そうしなければ何百万もの国民が雇用を失い、家族を養い、子供たちに教育を授けることができなくなる。我々がサウジアラビアの石油を買うのは、それが教員、警察官、消防士、兵士の給与を支払うための富をアメリカ経済が作り出すことを可能にするからだ。つまり、我々がまだそれを必要としているからなのだ。現実の世界は、複雑なのだ。気にくわない価値観を体現する政府と協力せずに、アメリカを守れるなどと思うのは無邪気すぎる。

ニクソン、レーガン両大統領の間には、共和党だという以外にほとんど共通点がなかった。だが、アメリカが冷戦に勝利したのは、一つには、20世紀で最も悪名高い独裁者である中国の毛沢東と同じテーブルに着いて取引することを、ニクソンが厭わなかったからである。もう一つには、ソ連のミハイル・ゴルバチョフが欧米に対し、国を開いてきたところに真摯に関与するチャンスを見出せるだけの道徳的な洞察力がレーガンにあったからでもある。

もしオバマ大統領が退陣前に、イランやキューバがもっと開放的になれるよう事に当たれば、それは彼の最も優れた事績に数えられることになる。もし次のアメリカ大統領が中国への関与について、ジミー・カーター、ロナルド・レーガン、ジョージ・H・W・ブッシュ、ビル・クリントン、ジョージ・W・ブッシュ、およびバラク・オバマが行ってきた努力を続けていけば、アメリカの利益にかなったことをしていることになる。

アメリカ国民は、アメリカには正当な影響圏があると考えている。それは他の大国も同じだ。その事実を認めることは、不道徳なことでも臆病なことでもない。だからＮＡＴＯをロシアの裏庭まで広げたことは、弱体化していたロシア政府に対する無用な挑発になったのだ。ゆえに我々のアジア・ピボットが、域内および世界により大きな影響力を持とうという中国の正当な願望を封じ込めるための冷戦的試みとならないよう、注意しなければいけないのだ。

柔軟性を失うな

柔軟性もまた、マネーボール外交が成功するために必要不可欠な要素であり、コスト管理の手段の一つでもある。アメリカの政策決定者たちは、コストが利益を上回る新たなリスクと負担を受け入れることによってのみ満たすことができる、戦略的に硬直した基準で自らを縛ることが多すぎる。アメリカがベトナムで戦ったのは、共産圏が広まる兆候があれば、いつ、どこでも戦わなければいけないというドミノ理論があったからだった。この前提がアメリカの安全保障に対する脅威がないところにも脅威を見出す結果となった。２００３年にアメリカ軍がイラクに侵攻したのは、制裁が政権交代をもたらさないのであれば武力で実現しないといけないと、ブッシュ（子）大統領が判断したからだった。だが、この場合にはフセインの強がりを無視して孤立させておいたほうがよかった。２０１３年にシリアのアサド大統領が自国民に向かって化学兵器を使おうとしたとき、オバマ大統領はレッドラインを引いた。アサドが化学兵器を使えば、「状況を一変させる」とオバマは警告した。それでもアサドは化学兵器を使ったとされているが、アメリカ政府はアサド政権に対して何の行動もとらず、ロシアの仲介で化学兵器を破壊するという取引を慌ただしく行う道を選んだ。オバマは柔軟性を選び、何もしなかったが、それは賢明だった。彼の間違いは、守らせる用意のないレッドラインを引いたところにあったのだ。

制裁を使おう

制裁もまた、条件次第では有効な外交手段であり、しかも確実に戦争より安上がりだ。制裁は、アパルトヘイト下の南アフリカのリーダーたちに、真の民主主義を受け入れる必要があると認めさせた。制裁は、フセインが軍備を構築する資金を蓄えるのを阻止し、中東と世界にとってはるかに大きな脅威を防いだ。制裁は（そして公平を期するために言えば、アメリカがイラクを侵略したことも）、カダフィに核計画を放棄するよう導いた。そしてオバマ大統領の下で大幅に強化された制裁による経済的影響が、イランを核交渉のテーブルに引き戻した。

残念なことに、時として制裁が何らいい結果をもたらさないこともある。フィデル・カストロが喜んで証言してくれるだろう。アメリカは、どういう場合に制裁が効かないか理解するだけの経験を積んできたはずだ。北朝鮮の国民に痛みを広げる制裁は、決して北朝鮮には効かない。北朝鮮のリーダーは国民が飢えようが構わないし、権力を維持するには、国際的に孤立していることが必要だからだ。外国の銀行口座を凍結し、贅沢品を輸入できないようにするエリート層を狙った制裁でさえも、おそらくいい結果をもたらさないだろう。たとえば、北朝鮮の銀行に制裁を加えようとしても、金一族とその取り巻きエリートたちに何の影響も与えることなく、一般国民の暮らしをいっそうみじめにするだけだ。なぜなら制裁によって、彼らの病と飢えを癒やす外国NGOの活動が難しくなるからだ。(21)

ただし、制裁単独では望む結果が得られないとしても、やはり必要な場合もある。プーチンの仲間のビザを制限したり、資産を凍結したりしたところで、彼がウクライナに関して行った決定を一つとして変えることはなかっただろう。ロシアについての彼自身の夢は、「欧州同盟(EU)」に対抗する「ユーラシア同盟」、すなわちロシア帝国を再現することで、ロシアがアメリカと同等に「特別」な存在であることを証明することだ。だが、かつてソ連の工業と農業の中心地であったウクライナ抜きでは、ロシア帝国は存在しえない。ロシアを景気後退に追い込むのにあずかって力ある制裁でさえも、プーチンの考えを変えるには至らなかった。

だがマネーボールは、戦略的に重要な地域の安定を脅かす者に対して、制裁がそのコストを高めるための費用対効果に優れた手段たりうることを示唆している。特にアメリカは、世界全体の金融に関して依然、絶大な影響力を持っている。外国の銀行に制裁を科し、金融市場へのアクセスを拒否することは、足元がおぼつかない外国政府に経済的・政治的圧力をかけ、恐ろしく効果的な(しかもコストの低い)手段となりうる。アメリカはウクライナのことでロシアと戦争すべきではないが――もちろんロシアがＮＡＴＯ加盟国を攻撃すれば話は別だが——ロシアの銀行部門を含め制裁を行うことで、当方の気にくわない行動を取れば必ず痛い目に遭うとプーチンに知らしめることはできる。

アメリカのエネルギーを使おう

幸いなことに、アメリカの外交政策を担う人々の手元には、もっと穏やかな方法もある。ホルムズ海峡を守っているアメリカの軍艦を数え上げていると見えにくいが、アメリカのエネルギー革命はこの先何年にもわたって世界のエネルギー市場を動かし、国際政治を変えていくことになる。効果が表れるには時間こそかかるが、永続的なものになる可能性が高い。すなわち、エネルギー自給の方向に進んでいくことは、アメリカ経済の長期的健全性にとって明るい話であり、マネーボール流の外交政策の発想が、同盟国との関係向上のために、この新たなエネルギー資源の相当量を輸出することを許容するようアメリカの政策決定者たちを導くことになるはずだ。

そうなるには時間がかかるし、多くの労力を費やさないといけない。なぜなら、地政学的な利害関係に基づいてエネルギー政策を使えるほど、アメリカ政府はまだうまく組織化されていないからだ。アメリカのエネルギー省は、サウジアラビアやロシアのようなエネルギー輸出国や、日本、中国、ドイツのようなエネルギー輸入大国の政府のように、外交政策と安全保障政策の形成に直接関わっていない。

また、アメリカでは経済活動に政府が介入することに対して伝統的に不信感があるので、どうしても政府が産業政策を形成するのがいささか不得手になることも忘れてはならない。

さらに、アメリカの精製業者、メーカー、消費者団体が、安いエネルギーをできるだけ国内の経済に生かそうと、エネルギー輸出の拡大に反対するだろう。もっとも、プーチンのウクライナにおける行動は、ならず者国家がエネルギーを武器として使うのであれば、アメリカだってそうすべきだと消極的な議員を説得するのに使えるので、この点でもまた「マネーボール・アメリカ」を後押しすることになるが。

アメリカのようなエネルギー輸入国において、有効なエネルギー政策の主たる任務は、家屋を暖房し、車を走らせ、経済成長を賄うのに十分なだけのエネルギーをきちんと確保することだ。

だが、いったんこうしたニーズが満たされれば、アメリカ政府は相当量の液化天然ガス（LNG）を輸出することを認めていいし、認めるべきだ。政府がこの資源を保有しているわけではないので、エネルギー企業はできるだけ高い価格で売ることになる。たとえ輸出のほとんどがアジア向けになっても、供給が増えることでヨーロッパの友邦、同盟国が増大するエネルギー需要を合理的な価格で賄えるようになり、間接的にはそのロシアへの依存度を減らすことにもなる。ウクライナやポーランドのようなロシアの近隣諸国は、手ごろな価格の天然ガスを依然としてロシアのガス独占企業ガスプロム社に大きく依存しているが、両国ともロシアの影響力を大きく減らすだけのシェールガス資源を抱えているようだ。ここでもアメリカ政府が手を差し伸べることができる。事実、ポーランドやウクライナのような友好国に非在来型天然ガス技術を移転するプログラムを創設している。

アメリカの外交政策における優先課題であるTPPにも、LNG輸出に関する保証が記載されることになるが、そうして相手のエネルギー需要の充足の手助けをすることは、交渉上の立場を有利にしている(TPPについては、のちほど詳述する)。中国の台頭と、それに対する日本の不安が日米両政府にとって長期的な同盟関係を再確認し、深化させるいい動機となっているが、アメリカが日本にエネルギーを輸出することはその助けになる。日本は世界最大のLNG輸入国だが、中東や北アフリカからの輸入価格は、アメリカの国内価格よりずっと高い。[22] しかも、ぶれないパートナーによる信頼できるエネルギー供給は日本の利益にもなる。アメリカにとっては、世界経済の将来にとって最も重要な地域において、伝統的な同盟国と長期的な足場となる経済・安全保障の両面にわたるパートナーシップを拡大することは利益になる。

すでに述べたように、アジアにおいて安定的かつ維持可能な地政学的均衡を形成するには、アメリカが日本政府との関係をより良く、深いものにしていく場合、中国政府との関係もより良く、深いものにしていかねばならない。アメリカのエネルギー革命はここでも役立つ。中国は国内のエネルギー資源を開発することに、とても強い動機を持っている。アメリカは不安定が絶えない中東への依存度を減らしつつあるが、中国は中東のエネルギー生産国への依存を深めつつある。そういった国は、とりわけ政治的混乱の渦中にあるのだ。中国にはアメリカ以上に多くのシェールガスが埋蔵されていると思われるが、それを開発する技術とノウハウを欠いている。[23] これだけ重要なプロジェクトへの協力はそう簡単に始められないが、双方とも得るものが大きいことを考えると、検討する価値はある。アメリカとしては、中国のシェールガス開発を助けることによって、今後四半世紀にわたる世界の平和と発展にとって最も重要な米中関係を向上させることができる。

アメリカの繁栄

民主主義のために世界の安全を守るのはアメリカの仕事ではないが、経済の安定に寄与する国際的な相互依存関係を確立する貿易・投資を積極的に推進するのは賢明なことだ。

オバマ大統領は、アメリカをより豊かにすることでより安全にすることに重点を置く方向に安全保障政策を動かそうとしてきた。ヒラリー・クリントン国務長官は、それを念頭に経済外交の基盤を敷いたが、これは、防衛・投資に関する結びつきを拡大することがアメリカの国力としなやかな活力にとって、かつてないほど重要になっているという認識からくるアプローチである。

次期大統領はこのビジョンを、アメリカの対外影響力を高め、国内の経済成長を促進する政策へと具体化させないといけない。そこにＴＰＰが大きく浮かび上がってくる。グローバルな通商交渉が我々の望む結果をもたらさなくなっていることは、事実上、止まってしまっているＷＴＯのドーハ・ラウンドがあからさまに示している。たとえ合意が成立しても、交渉当事者が多すぎること、そして国内の政治的要求を抱えている政府が多すぎることが原因で、最小限の内容しかなくなってしまう。

未来は、前代未聞の規模の地域協定にかかっているのだ。

ＴＰＰが重要な理由は2つある。第1に、貿易はアメリカの将来の成長にとって必要不可欠だが、そういった意味でこの協定以上に大きいものは見当たらない。交渉参加国は、アメリカ、カナダ、メキシコ、チリ、ペルー、オーストラリア、ニュージーランド、ベトナム、シンガポール、マレーシア、ブルネイ、それに日本。世界の貿易額およびＧＤＰのそれぞれ4割を占める。それは戦略地政学上の劇的な変化をもたらすものであり、アメリカのマネーボール外交の必要不可欠な一環だ。

第2に、ＴＰＰは中国の国家中心の経済モデルに対する正しい回答だ。中国の台頭はいくつかの点でアメリカとその経済に対する大きな挑戦となっている。とりわけ政府側にいる者に市場における活動を方向付けることに関して強力な役割を与える「国家資本主義システム」を有力にしている。中国は政治的な目論見を達成するために、国有企業、国営銀行、民有だが政治的に信頼できる国家旗艦企業を使うことによって、アメリカなどの外国企業が平等な条件下で競争することを大いに困難にしている。かつて旧ワルシャワ条約加盟国が国家主導の経済と強権的支配への逆戻りという、安易でおなじみの道をたどりそうになっていたところを、ＥＵ加盟への希望によって改革を促進したように、ＴＰＰは中国流の国家資本主義の拡大を妨げ、太平洋地域におけるアメリカの影響力を拡大していく手助けになる。

ＴＰＰは中国を封じ込めたり、その成長を妨げたりするものではない。自由市場の将来に対する大きな投資であって、自由貿易の果実を共有するとともに、アメリカ政府との政治上・安全保障上の結びつきを深めるという中国の近隣諸国への招待状だ。同時に、経済と安全保障の面で中国が影響力のあるプレイヤーになっていく傍らで、アメリカが安定勢力としてアジアにとどまることのサインでもある。

アメリカ政府は、TPPの条項について妥協しないといけないが、渇望しているものを手に入れることになる。それは、世界で最も大きな経済的可能性を秘めていながら、中国の国家資本主義が原因で機能不全になりかねない地域において、自由な貿易・投資・規制という諸原則を恒久化させるという成果だ。またEUとの環大西洋貿易投資協定（TTIP）という同じように野心的な通商協定の交渉を引き継ぐことになる次期大統領としては、世界の貿易・投資の枠組みを、アメリカの利益にかない、国内の経済成長の可能性を高めるように再構成する絶好の機会を持つことになる。

これらは実現可能だが、それ自体が実行する最もいい理由かもしれない。予算や政府債務、移民政策の改革、銃砲規制など、両手で数えきれない諸問題について白熱した議論が行われているが、いずれも民主党と共和党の立場は、天と地ほどもかけ離れている。だが、次期大統領はアメリカを太平洋の恒久的な大国と位置づけ、アメリカとその同盟諸国の絆を強める通商上の諸合意に、時間とエネルギーと政治資本を投入すれば、実現に必要な両党の議員、そしてアメリカのビジネスリーダーたちの支持を得られることになる。

〝21世紀には軍備競争を貿易競争にしよう。〟

現在、共産国である中国との貿易量が、自由貿易主義国であるアメリカとの貿易量を上回っている国は124カ国にのぼり、その逆は76カ国しかない。2012年には中国が総貿易額でアメリカを追い越し、世界一の貿易大国となった。ここに後塵を拝したことを、我々の世代の「スプートニク・ショック」としよう。絶対に負けられない戦いで後れを取ったことを、改めて本腰を入れるべきことを、アメリカの最良の伝統である通商と創造力を活用すべきことを、行動に踏み切らないといけないことを認めよう。

世界各国には民主主義に賛成しない政府もあるが、中国やロシアのような専制国家も自らの繁栄を図るために市場の力を使っている。安定かつ繁栄する世界にすべての国の政府が一口でも乗るようにするには、新たに大がかりな貿易・投資ネットワークを築いていくことが最も効果的だ。

貿易に反対する向きは、第1次世界大戦前夜にヨーロッパの列強間で大量の輸出入があったことや、第2次世界大戦前の10年間、アメリカが日本の最大の輸出先であり、最大の天然資源輸入先であったことを挙げる。(24)

だが、この批判は2つの重要な点を無視している。第1に、世界の大国のリーダーで、工業経済に必要な資源を確保するために新たな領土を征服しないといけないと考える者はいない。(25)第2に、歴史学者のリチャード・ローズクランスによれば「1913年の対外投資の90%は、資産運用投資、すなわち証券市場で簡単に処分できる小規模な外国株式からなっていた。一企業に対する持ち分の10%を超える直接投資は、対外投資全体の10分の1しかなかった」と述べている。(26)

その点において世界は劇的に変わっている。内外の紛争を抱えがちで投資を最も必要とする途上国では、毎年の外国からの対外直接投資（ＦＤＩ）流入量が、１９７０年代には平均１００億ドル未満だったが、２０１２年には７０００億ドルを超えた。２０１２年には初めて途上国に対するＦＤＩが先進国に対するＦＤＩを上回り、ＦＤＩの52％を引き寄せた。さらに、途上国からのＦＤＩが２０１２年には４２６０億ドル、史上最高の全体の31％を占めたことを、国連貿易開発会議（ＵＮＣＴＡＤ）のデータが示している。[27]

第２次大戦直後の西ヨーロッパが直面していた課題や脅威を、多くのアメリカ人は忘れてしまった。読んだことすらない。東ヨーロッパでは、ソ連軍がロシア政府の支配権を強め、共産党政権が登場し始めていた。西ヨーロッパでは、経済的絶望感とマルクス主義イデオロギーの進入が根を下ろし始めていた。フランスとイタリアでは、それぞれの共産党が大きく前進した。そこでトルーマン大統領は、友好的な政府を守り、歴史的に利益をあげてきた輸出市場を補強し、共産主義の影響の広がりを押し戻すために、ヨーロッパ再建に未曾有の規模の資金を投入することを決めた。彼はまた、その計画に対する連邦議会、特に１９２０年代の間違ったやり方を繰り返そうとしている孤立主義者たちの支持を取り付けるには、自分ではなく、人気の高いジョージ・マーシャル将軍の名前を計画につける必要性を理解するだけの叡智と謙虚さを持ち合わせてもいた。

マーシャルプランの1年目に必要な資金は、アメリカの連邦予算の1割に達したが、時とともにこの投資が歴史的な配当をもたらした。[28] １９５２年には、西ヨーロッパ諸国の経済規模はすでに戦前の2倍の水準に達していた。[29] アメリカ政府がヨーロッパで米軍の駐留を続ける決定をしたことは、西ヨーロッパ諸国の政府が国内の経済発展に支出を集中させることを可能にする安全保障の傘を提供した。マーシャルプランは、今なおアメリカの外交政策史上、最も賢明な投資としての地位を保っているが、冷戦時代の判断基準によれば、合理的かつ冷徹な費用対効果分析の記念碑的存在だった。

トルーマン大統領の任期からもう一つ、マネーボール上の教訓が得られる。アメリカの外交政策は民間人が作ると彼がはっきりさせたとき、アイゼンハワーはまだ現役の軍人だった。「独立するアメリカ」を主張する向きが、軍事タカ派、もしくはバカな考えに突き動かされたネオコンの手中に外交政策が堕ちることを心配するのは正しいことだ。つまりトルーマンは、どの将軍を祀り上げてその名を後世に残すべきか知っていた一方で、どの将軍を首にすればいいかもわかっていた。

日本を戦場にすることも含め、冷戦下で戦争を阻止できたのは、朝鮮戦争を戦ったからかもしれない。だが、ダグラス・マッカーサーは朝鮮半島の紛争を中国まで拡大するつもりだったし、そうなれば何にも増して確実にロシア・中国の両政府の足並みを揃えさせることになっていたところだ。

アメリカにはヨーロッパをファシズムから解放し、日本を軍国主義から解放したように、中国を共産主義から解放する義務があったと言う人々もいるだろう。だが、第3次世界大戦はアメリカにとっても世界にとっても、マーシャルプランよりはるかに高くつく。たとえアメリカが中国に対して全面勝利を収めたとしても、そのときは米軍が日本を占領したように、日本よりもずっと大きな中国を占領しなくてはならない。それには、いくらコストがかかっていただろうか。うまくいっていただろうか。トルーマン大統領はブッシュ（父）大統領のように、どこで止まればいいかわかっていた。ダグラス・マッカーサーはブッシュ（子）大統領のように、それがわからなかった。

＊＊＊

はっきりさせておこう。アメリカは何も特別な国ではない。

アメリカは最強の国だ。しかし、だからと言っていつも正しいとは限らない。我々は全知ではないし、全体の利益が我々の主たる関心事となることは決してない。アメリカは、世界のために多くの良いことをしてきたし、これからもしていく。だが、多くの害も及ぼしてきた。とりわけ、結果をよく考えないままに、自分たちの価値観を他人に押し付けようとしたときがそうだ。アメリカの外交政策を形成する人々および実行する人々は、思慮と謙虚の双方に導かれなければいけない。また、自由が主観的な存在であることを忘れてはならない。

次の大統領選の討論会に耳を傾けるときには、中国の政治指導者たちが国民に向けて「中国人が世界で最も強く優秀で賢明であって、アメリカではなく中国こそが平和な未来を築く最高の希望だ」と言っていると思って聞いてみよう。フランスの大統領が国民に「フランスだけが世界に真の道徳的指針を示すことができる」と言っているところを想像してみよう。ウラジミール・プーチンが国民に向かって「神はロシアに特別な使命を与えている」と言っているところを想像してみよう。もし他国の指導者がこういった発言をしている姿を想像できれば、アメリカ特別主義をめぐるアメリカ内の議論に対するそれらの国々の国民の反応が理解できるだろう。

かつてジョージ・バーナード・ショーが書いたように「愛国心とは、自分が生まれたという理由で、その国が他より勝っているという思い込みである」

我々アメリカ人は、我が国こそが歴史上最も徳に満ちた大国であって、世界中の人々が我々を模範として啓発されていると思い込んでいるかもしれない。だが、星条旗を襟章に付けた指導者からのお説教にうんざりしている人々も多く、我々が何かにつけて自己宣伝するのを彼らが苦々しく思っていることも受け入れられるはずだ。我々の考え方が最も優れていると彼らを説得する際に、彼らの母国に対する愛情や忠誠心が我々より低いなどと期待してはいけない(30)。

見かけの強さではなく、強さそのものを選ぶべきときだ。アメリカが世界で最も強力かつ影響力ある国たるゆえん——節約、謙虚、思慮、そして健全な判断を選ぼう。韻文ではなく散文で書かれた外交政策を、我々が住みたい世界ではなく現実に住んでいる世界の安全と繁栄を高める外交政策を選ぼう。世界から逃げ隠れることはできないが、我々の価値観を他の皆に押し付けるわけにもいかない。我々の過去から最も優れた伝統を選ぼう。

「マネーボール」に一票を。

本書の初めに回答してもらった質問に戻ろう。太字で表示してあるのは「マネーボール・アメリカ」の支持者がするであろう回答とその理由だ。

「マネーボール・アメリカ」の回答例

1 自由とは

ⓐ すべての人が有する権利だ。

ⓑ 脆い存在だ。アメリカの国民は、国内でこそ自由を守らないといけない。

ⓒ 人それぞれの見方次第だ。どうして我々に、他国の価値観を決める権利があるのだ。

2 アメリカは

ⓐ 体現する価値ゆえに、特別な存在だ。

ⓑ これまで世界のためにしてきたことゆえに、特別な存在だ。

ⓒ 特別な国ではない。アメリカは最も強い国だが、だからといって、いつでも正しいとは限らない。

自国の大いなる長所だけでなく、その短所も率直に語ることができないのであれば、我が国は困ったことになる。

3

次のうち、あなたの意見に最も近いのはどれか。

ⓐ アメリカは自分のことに専念して、他国にも自分のことは自分で何とかしてもらうことがアメリカにとって最もいいことだ。

ⓑ アメリカが世界をリードしなければいけない。

ⓒ アメリカの外交政策の主たる目的は、アメリカをもっと安全で豊かにすることだ。我々のリソースは限られており、すべての問題を解決することはできないが、我々の安全と繁栄に対する挑戦から逃げ隠れることもできない。

4

中国は

ⓐ アメリカにとって最大のチャレンジであり、最大のチャンスでもある。

ⓑ あまりにも多くの仕事をアメリカ人から奪っている。

ⓒ 世界最大の独裁国家だ。

中国に対してどうしろとは言えないが、無視することもできない。中国には関与すると同時に、その将来についてヘッジしておかなければならない。

5

中東におけるアメリカ最大の問題は

ⓐ アメリカ政府が中東の民衆ではなく、独裁者たちを支持していることだ。
ⓑ 小さな問題が大きくなるまでアメリカ政府が放っておくことだ。
ⓒ 手のつけようがない地域にもかかわらず、アメリカ政府が何とかできると思い込んでいることだ。

火事は、手が付けられなくなる前に対処すべきだ。

6

アメリカの諜報能力は

ⓐ いつの時代でも諸刃の剣だ。
ⓑ アメリカ国民のプライバシーに対する脅威だ。
ⓒ アメリカを守るのに必要だ。

強国は常に互いをスパイしてきたし、これからもそうだ。だがその手段は、アメリカをもっと安全にできる時と場所でのみ使うべきだ。

7

アメリカ大統領の最大の責務は

ⓐ アメリカの国益を内外で追求することだ。

ⓑ 合衆国憲法を推進し、守っていくことだ。

ⓒ リードすることだ。

我々が大統領を雇うのは価値を高めるためであって、聖戦の先頭に立ってもらうためではない。

8

次のうち、あなたの意見に最も近いのはどれか

ⓐ 偉大なリーダーは、世界を変えることができる。

ⓑ 偉大なリーダーは、範を垂れることによってリードしないといけない。

ⓒ 現実の世の中ではどんなリーダーも、まずい選択肢ばかりの中から少しでもましなものを選ばないといけないことが、しばしばある。

大統領は、解決できない問題にも対応していく勇気を持たないといけない。

9

次のうち、どれが最も大きな危険にさらされているか。

ⓐ アメリカの経済
ⓑ アメリカに対する国際的な評価
ⓒ 建国の理念に対するアメリカのリーダーたちの敬意

我が国の経済力を損なう外交政策を形成すれば、我が国の力も繁栄も続かない。

10

2050年までに世界はどうなっていてほしいか。

ⓐ アメリカは頼りになり、志を同じくする友邦とリーダーシップの重荷を分かち合っている。
ⓑ アメリカ国内で、完全な調和が実現している。
ⓒ 世界中でできるだけ多くの人々が、本来持つべき自由を奪っている独裁者たちを倒すために、アメリカのリーダーシップが役立っている。

やらなければならないことについて、助けてくれる友達が常に必要だ。

第5章
「必要不可欠なアメリカ」
——アメリカ、そして世界を主導する

分別ある者は自分を世界に合わせる。
分別なき者は世界を自分に合わせようと躍起になる。
ゆえにすべての進歩は分別なき者次第なのだ
——ジョージ・バーナード・ショー
「革命主義者のための格言」より

そう、他所は皆マネーボールを実践している。だからこそアメリカは、そこにとどまっていてはいけないのだ。

アメリカが高くつきそうな紛争をすべて無視すればいいとか、指導者たちがどういう挑戦を受けて立つかを選べるなどと思っている人たちは、すべてがつながり合う今の世界を理解していない。現代の脅威は、各地の株式市場を駆け抜け、サイバー空間を疾走し、スーツケース1つに詰め込まれて国境を越えてくる。他者が平和に暮らせないうちは、我々も安心できない。我々が作る製品を買うことのできる中間層が他の国でも生まれない限り、我々の繁栄も続かない。強く、安定した同盟国やパートナーが必要だ。貧しい国には、統治しきれていない地域がテロリストや犯罪者にとっての安全な聖

域とならぬよう阻止してもらわなければならない。要するにアメリカ人は、民主主義、法の支配、情報へのアクセス、そして人権が普遍的に承認され、保護される世界においてしか安全だと言えないのだ。なぜならこうした価値観を確立し、保護する社会にこそ、持続力、しなやかな活力、安全、そして富がもたらされるからだ。

こうした価値観を世界全体にわたって推進し、保護することができるのはアメリカだけだ。ヨーロッパもこうした価値観を大事にしているが、EUには28カ国も政府があり、EUそのものの組織は複雑で権限が限られている。世界のために絶えずリーダーシップを発揮し、その負担を受け入れるよう、ためらう国民を説得するにはアメリカの指導力がなくては無理だ。* この穴を埋められるのはアメリカ以外ない。日本やインドのような民主主義国にも果たすべき重要な役割はあるが、世界全体にその力を及ぼすことは当分ないだろう。もちろん中国やロシアに期待してはならない。両国の指導者たちは、自由を受け入れたら自分たちが実権を失うことを知っている。

アメリカ人はこうした価値観を信奉し、その推進のために多くの代償を払ってきたからこそ自分たちの国が特別なのだと主張する。すでにその話は聞き飽きているし、その役割を担う責任を望まないアメリカ人もいる。だが、好むと好まざるとにかかわらず、アメリカはたしかに特別な国だ。アメリカにも多くの欠点があるし、間違いも犯しているが、他国の指導者たちがそれぞれの国民に対して責任を負うよう、歴史上のどの国よりも多くのことをしてきた。ファシズムと共産主義以外の選択肢を世界の国々に提供し、勝利を収めた。貧困から抜け出す制度的枠組みやイノベーションを生み出し、何億もの人々がその恩恵を受けた。史上類を見ないほど多くの人々により良い生活への希望とチャンスを与えたことは、世界中の人々が自分たちの政府を評価する基準になっている。

この仕事はまだ終わっていない。他国の政府がマネーボールをやっている間にも、誰かが開かれた国際経済システムのしなやかさ、復元力を補強し、バランスの取れた持続可能な世界経済の成長を推進しないといけない。誰かが紛争を処理し、テロリストが大量破壊兵器を手に入れるのを防ぎ、サイバー空間の脅威を封じ込め、国際犯罪と闘い、気候変動を抑えるために有志連合を率いなければいけない。そうしないと安全と繁栄を永続させることはできない。そしてアメリカ以外のどこにそれができるというのか。アメリカ以外のどこがリードできるというのか。

まずはアメリカの軍事力、経済力、そして政治力の基盤を再建しなければならない。古い同盟関係を刷新するとともに、新たな同盟関係を形成していかなければならない。そして新しいパートナーにはアメリカの利益のためになってくれと頼むのではなく、相互に利益をもたらす新たな機会を積極的に追求していくのだ。世界最強の軍隊を持つだけでは不十分だ。新たな形態の非対称的脅威に備え、イスラム過激派との戦いの前線に立っているパートナーたちを積極的に強化していくのだ。アメリカが再び世界最大の貿易国にならないといけない。(1) すべての国が確実に繁栄に預かる国際秩序を形成するには、安全と通商を守るルールを実施するために先頭に立って力を尽くすのだ。世界の人々

＊ＥＵが多くのヨーロッパ人の間で不評なため、このことは特に強く言える。

の健康を守るシステムに投資し、人道的危機への対応を制御していかないといけない。

現代の国際秩序は複雑であり、それに対する戦略が必要だ。「独立するアメリカ」は戦略ではなく、戦略を作ることの拒否だし、「マネーボール・アメリカ」も戦略ではなく、都合の悪い外交政策の課題から距離を置くための、場当たり的かつ安上がりな戦術でしかない。アメリカは世界から逃れることはできないし、脅威が発生するたびに対応するだけでもすまされない。世界秩序を形成するのに一役買う必要がある。今は小さく考えるときではない。アメリカの国民はかつてないほど大きく、しかも大胆に考えないといけないのである。

では、21世紀のアメリカは何を目標とすべきなのだろうか。我々は、「世界のすべての国が民主主義国になる」ために創造的に、根気よく、賢明に行動しないといけない。すべての国が国家の安定だけでなく個人の権利をも守る法に基づいて統治され、すべての国が宗教、言論、集会および報道の自由を確立し、守らねばならない。さらに、貿易や投資が国際ルールに基づいて運営される経済システムを形成していくのだ。そうすべき理由は、自由こそがすべての人間の権利だからだ。

これは、世界中の圧政者を打倒するために我々の軍事力を使うことを呼びかけるものではない。そんな力は持てるはずがない。我々がすべきは、すべての国の国民が抑えがたい変化への勢いを作り出すことだ。自由を奪う圧政者たちを打ち倒すために、我々が持っている軍事、経済、金融、政治、文化のあらゆる手段を活用することだ。国によっては何年もかかる。中には何十年かかるところもあるだろう。だが、自由への支援は、民主党と共和党の意見が完全に一致する数少ないコミットメントの一つだ。したがって、1人の大統領の任期中に見えてくる結果よりもっと先を見据えることが必要だ。無茶を言っているように聞こえるだろうか。だが、世界から逃げ隠れたら明日の問題が我々の中立性を尊重してほっといてくれるというほうが無茶だ。時の大統領がどの課題を取り上げ、どの課題を無視するかを選ぶことができるという、注意深く秤にかけるマネーボール的発想のほうが無茶だ。普遍的な政治的・経済的自由への我々の投資が10年や25年で実を結ぶことはないが、信奉する価値観のために長期的な投資を行うことが無茶だということは決してあり得ない。

これは、ありもしなかった過去に戻れという話ではない。信念に従って行動する根気と叡智と勇気が我々にあれば、アメリカのみならずすべての国が自由によってより強く、より安全に、そしてより豊かになるという、まったく新しいアメリカの外交政策を形成しなければならない。アメリカの選良たちの最も重要な責務は、常に国民の安全を守り、世界の繁栄を促進することだった。そしてそれは今後も変わることはない。だが国民としてそれ以上の大志を持っていないというのか。アメリカは、幾たびとなく使命に応えてきた。そして真に不可欠の国となるべき時が来ている。天命に応える機会を得て、どうしてアメリカが逃げないといけないのだ。

国内から始めよう

「独立するアメリカ」の支持者は、正しいことも言っている。まず国内から始めよう。アメリカの指導者たちは再び本土がテロ攻撃を受けないよう、憲法の条文と精神が許す範囲でできる限りのことをしなければならない。政府の最大の目的は国土を守ることだ。国境、港湾、空港、電力網、原子力施設、金融システムなど重要インフラの安全のために必要な投資を行わないといけない。

アメリカのパワーの源泉である経済力も強化しなければならない。アメリカにふさわしい21世紀最先端の軍事力を賄えるのは、ダイナミックで復元力のある経済だけだ。それなくしては貿易・投資を外交政策の手段として効果的に使うことができない。そして最も重要なこととして、雇用とチャンスを生み出す経済なくして、意欲的な外交政策に必要な国民の支持を回復し、維持することはできないのだ。

政府債務を減らすことにもっと真剣に取り組まなければいけない。ドルが依然として強いことは、アメリカが債務危機のリスクを回避するのに役立っている。だが、世界の最も支配的な準備通貨としての地位は、徐々にではあるが着実に低下しつつある。これは政府債務を大幅に減らすために大胆な措置を講じる必要があることを意味している。社会保障制度および高齢者向け医療保険制度の受給資格年齢を引き上げろと主張する人々がいる。また、経済的余裕がある人々だけ受給資格年齢を引き上げる「段階的資格制度」がいいという人々もいる。さらに、受給額の計算方法を変えるべきだと主張する人々もいる。* 本格的にアメリカの資格授与制度を改革し、政府債務を減らす方法は他にもあるかもしれない。だがいずれにしても、強いアメリカ経済の持続に対する内外の信頼を高めるべく賢明な妥協に向けて民主・共和の両党が努力することは、国民に対する責務だ。

「独立するアメリカ」や「マネーボール・アメリカ」の支持者たちが、国民とその将来のために教育システムを再活性化すべきだと言っていることもまた正しい。それには創造的思考、政治的意志、そして多額の資金投入が必要だ。また、アメリカ経済が今後とも世界で最も創造的であるために、研究開発にリソースを投入し続けないといけない。さらに、国内の石油・天然ガス生産を増やす一方で、特定のエネルギー源、そして国内といえども単一の供給源に依存する度合いをできるだけ減らすには、エネルギー構成の多様化を進めなければいけない。

まがい物の選択肢を警戒せよ

グローバル・リーダーシップを放棄しなければ国内に投資する余裕はないと主張する人々は、肝心なことを見落としている。グローバル化が進むこの世界では、他者の成功が自分たちの成功につながる。つまり、自分たちの繁栄のためにこそ国外における責任を果たすべきなのだ。それには確実な貿易相手が必要だ。我々が成功するための資金を確保するには、我々の債務に投資してもらわねばな

*こうしたアイデアのより詳細な説明がアンドリュー・サリバンのブログ The Dish（おしゃべり）の2012年12月10日の記事“Will Obama Raisethe Medicare Eligibility Age?”（オバマは高齢者向け医療保険制度の受給資格年齢を引き上げるだろうか、http://dish.andrewsullivan.com/2012/12/10/will- obama-raise-the-medicare-eligibility-age/）にある。

らない。国外で市場シェアを増やすことによって国内の雇用を増やしてくれるアメリカ企業が、安全で安定した国際環境の中で活動できるようにしないといけない。貿易、そして石油、天然ガス、金属といった必需品が、ホルムズ海峡だけでなく我々の経済的利益がかかっているすべての地域に自由に行きわたるよう支援するのだ。それは単に我々の経済的利益を守るだけでなく、我々の利益がますます依存するようになっている世界経済全体の利益を守るためでなければならない。

グローバルな経済的相互依存関係は現実そのものだ。冷戦時代の米ソ間の平和は「相互確証破壊」、すなわちアメリカ・ソ連両国の政府ともに一方が核攻撃を行えば直ちにもう一方が報復することが確実だという共通認識に依存していた。そういう共有された弱みは、現代においては経済に関するものであって、それも世界全体に及ぶものだ。2008年に起きたアメリカの金融危機は、世界中を景気後退に落とし入れた。そして中国の指導者たちは、中国経済、そして中国そのものの安定を確実に維持できる雇用を国内で生み出すために、何千億ドル相当もの資金を投入せざるを得なかった。(2) だが、破綻しつつある欧米の金融機関を支える有効な国際連携がなければ、もっとひどいことになっていたかもしれない。

中国がアメリカの経済動向のあおりを受けやすくなっているのと同じように、アメリカもまた近いうちに世界最大の経済大国になる中国国内の変化の影響にさらされている。中国の金融市場で恐慌が起きれば、それが津波となって世界中に押し寄せて来ることになる。各国政府が協力して緊急対応に向けて最善を尽くすだろう。だが2008年から2009年にかけて支援を必要とした欧米の金融機関よりも未熟な中国の政治組織と金融機関は脆く、その分救済も困難を極める可能性が高い。

中国の金融危機のきっかけとなるのは何か。国内の無理が祟ってというのが最も可能性が高いだろう。だが、近隣諸国との貿易戦争、いやひょっとすると軍事対決の形を取った紛争すらありうる。また、世界のエネルギー価格を急騰させる国際危機かもしれない。アメリカ政府は、そのリスクを最小限にとどめ、アメリカ経済、世界経済双方に与える当面の打撃、そして恒久的な被害を抑えるためにできるだけのことをする必要がある。この問題を無視して国内の課題に専念しようだなんて、愚かで危険な考えだ。

アメリカ本体を脅かす国外のリスクの源は、中国の潜在的な脆弱性だけではない。実は、核兵器を手にしたテロリストほどアメリカの将来にとって大きな脅威はない。だからこそ、核不拡散条約（NPT）がとても重要だ。イランのようなならず者国家が核兵器を開発することをアメリカが容認できないのは、イランが中東において危険な存在になりうるからだけではない。イランが核爆弾を持てば中東の軍備競争を誘発する。そして相互確証破壊のことなど意にも介さないテロリストが容易に入手できるほどの核兵器や核物質が拡散する恐れがあるからだ。アメリカは、そうならないようにしないといけない。

NPT加盟国には条約に違反する強い動機がある。なにしろ、核兵器保有国には侵略される危険がまったくと言っていいほどないのだ。このように微妙な条約を執行するには経済力、異例の外交的影響力、そしてかなりの軍事力が必要だ。アメリカですら単独でNPTを執行することはできない。

できていたなら、パキスタンも北朝鮮も核兵器を持っていないはずだ。だが、影響力、資金、軍事力を背景とするアメリカのリーダーシップがなければ、NPTは存在していないし、我々が住んでいるこの世界もずっと危険なものになっているはずだ。

核のリスクを別にしても、テロリズムとの日々の戦いがある。地球の裏側にある破綻国家がアメリカの国家安全保障を脅かす世界で我々は生きている。これはもはや耳新しい話ではない。アフガニスタンは、最後のアメリカ兵が帰還したあとも長くアメリカにとって無視できない存在だ。イラクとシリアにイスラム国が踏みとどまる限り、両国はアメリカの政策決定者たちにとって大きな懸念事項となる。リビア、マリ、ナイジェリア、イエメンとソマリアは、いずれもテロリストの修練の場として近隣諸国、そして世界全体の問題だ。たしかに遠方でテロリストを殺害すれば、新たなテロリストたちが目の前に現れるリスクはある。だが、国内に潜んでいても、そのリスクは避けられない。これからも、どこであろうがテロリストに安全な聖域を与えてはならない。テロリストの細胞はどこにあろうとも分断し、破壊するのだ。脆弱な同盟国を強化し、政府間の情報共有を取りまとめていく。こうしたコミットメントにはグローバルな戦略が必要だが、それを率いる手段を持っているのはアメリカだけだ。

我々の世界は、1国の健康危機が一瞬にして皆の危機になってしまう世界でもある。2002年からその翌年にかけて中国南部で発生した重症急性呼吸器症候群（SARS）は700名を超える死者を出し、中国を含め30の国と地域へ広がっていった[3]。10年前には鳥インフルエンザ（H5N1）が15

カ国で650名近くの感染者を出した[4]。エボラ出血熱は2014年から2015年にかけて何千もの人々の命を奪っている。エボラ出血熱のような疾病に必ずしも大勢のアメリカ人が感染するリスクが高いというわけではない。ほとんどの先進国がそうであるように、我が国は大量発生を抑止する手段を持っている。だが、もしエボラのような感染症が途上国の過密都市に定着すれば、その地域で発生しては消え、また発生するというサイクルを何年もわたって繰り返し、多くの国が同時に健康上、政治上、経済上の危機に陥ることになるかもしれない。

アメリカは、各国の公衆衛生システムに投資し、健康危機が発生した場合の連携を改善する国際的取り組みをリードすることができる。米疾病対策センターをより効果的に動員することによって、世界的大流行《パンデミック》のリスクを抑えるために必要な医師、医療従事者、技術、医薬、病床、ボランティア、後方支援その他のリソース、そしてワクチン開発に必要な長期投資を提供することができる。また、これまでの危機より迅速かつ包括的にアメリカ政府が対応できるようにもなるだろう。

先の2つの大戦以前のように、他所で何が起きていようとアメリカ人が気にしないで済んだ日々には戻れない。今の時代には戦時も平時もない。恒久的な緊張の中にあり、この緊張をコントロールしていかねばならないのだ。無味乾燥に聞こえるかもしれないが、その方針は、冷戦に勝利を収め、ヨーロッパと日本に平和と繁栄を取り戻し、何億人という途上国の人々が貧困を抜け出す条件を作り出した方針でもある。こうしたことが達成できたのは、アメリカの力だけによるものではないし、その間、アメリカのリーダーたちにはひどい間違いもあった。そしてこれからも、そうした間違いがあることを覚悟しないといけない。アメリカの外交政策には矛盾もあるし、偽善も多々ある。だが我々は、国内に隠れることによって道徳的に耐えがたい妥協をすべて避けられる世界に住んでいない。また、アメリカの利益と友好国の利益、さらには敵対国の利益さえもが相互に対立しているわけではなく、自分の利益のためだけに行動すると言ったからといって、道徳的により一貫した立場に立つことになるわけではない。敵にとっての悪は自分たちにとって善だというゼロサムゲームではないのだ。

いずれの大戦もアメリカの立場を強化する結果となったが、それは必ずしもアメリカが遅れて参戦したからではない。アメリカは、国内で市民権を守らなかったことがその道徳的立場を弱めていたとはいえ、世界を破滅の淵まで追いつめた左右の圧政以外の選択肢として抗しがたい魅力を持っていた。歴史上のいつ いかなる場所より、多くの人々に自由と繁栄を共有する機会を提供した。そしてどの国よりも、個人の力を解放する政治・経済システムの上に国家的成功を築き上げた。アメリカの創意工夫、創造力、そして生身の力そのものが、過去1世紀における世界の最も重要な変化をことごとく実現するのに必要不可欠な役割を果たしてきたのだ。孤立と冷笑をもってしては、決してこれだけのことは実現できない。

アメリカがすべての問題を解決できるわけではないが、だからといって自分のため、世界のために解決できる問題を解決する責任から逃れる言い訳にはならない。アメリカは、人里離れた輝ける「丘の上の都市」、周りの暗闇に無関心な灯火ではないし、決してそうはなりえない。我々は、他とは無縁に孤高を保つわけにはいかない。我々はグローバル化した世界の市民であって、国際社会の一員でもある。自分たちしか果たすことのできない責任から逃れ、単純に「独立」を宣言することはできない。

また、外交政策が容易に特定できる国家的優先課題に的を絞ることができるというのは魅力的な考えだが、決してそれを受け入れてはならない。マネーボール派はアメリカの大統領が戦争か平和かという問題を簡単なチェックリストで決められると主張する。リーダーたる者は兵士を戦場に送り込む際に熟慮すべきだが、いわゆるパウウェル・ドクトリンは見かけほど簡単に適用できるわけではない。必要不可欠な国家安全保障上の利益が脅かされているか？　世界の相互関連性はますます深まり、今後もその流れは強まっていく一方だ。その潮流がそういった「利益」を明確に特定することをいっそう難しくさせているのだ。アメリカ本土で大量の死傷者を出す兵器を持たない国の政府でも、エネルギー市場やサイバー空間において、あるいはテロリスト集団とのつながりを通じて、あるいは世界経済を混乱させる力によって、現実のリスクをもたらすこともある。

近代戦争のコストやリスクをあらかじめ完全に分析することは決してできない。また、アメリカの行動の結果について大統領がすべての可能性を想定することも期待できない。国民がその行動を支持しているかと問うかもしれないが、もし我々が選んだリーダーたちが本当に国家の危機だと信じるのであれば、国民を守る行動に出るべく世論の支持を取り付けるのは彼らの義務だ。敵が残虐な行為を映像で公開するまで、取るべき行動に対する国民の支持を待っているわけにはいかない。広範囲にわたる真の国際的支持についてもまた、我々のリーダーたちがその確保に努めることを期待すべきだが、結果的に国外の支持を取り付けるのに成功しようがしまいが、その時点で必要不可欠な我々の利益を守るべく行動に踏み切ってもらわないといけない。

次にアメリカの債務について、扇情的かつ政治性の強い議論がある。「独立するアメリカ」や「マネーボール・アメリカ」の支持者たちは、債務負担を解消しない限り、アメリカにはリードする余裕がないと言う。それでもリードしようとすれば、資金繰りに行き詰まった南欧の国のように、つじつまを合わせるために生活水準を引き下げることになると彼らは警告する。たしかに、アメリカの政策決定者たちは常にコストを意識しないといけない。そうしないとドルの優位が小さくなっていくのは、アメリカの実力の他の多くの要素と同じことだからだ。だからアメリカ政府は、国家の債務を減らすために真剣に措置を講じないといけない。とはいえ、ギリシャのような債務危機が迫っているわけでもない。アメリカは、もっと紙幣を印刷するだけで借金を支払えるのだ。「それはインフレを引き起こす」と孤立主義者たちは言うが、もっと丁寧に見てみよう。ドルは時とともにその優位性をある程度失っていくことになるが、見通しの利く限り、世界一の準備通貨として世界中の中央銀行の最重要資産、ありとあらゆる商取引の手段であり続ける。これはギリシャにはない特権であって、ドルに対する需要を高く保ち、インフレを抑えている要因でもある。

投資家にとって、アメリカは依然としていかなる嵐のときにも最も安全な港である。この優位性が、政府債務が増大しているにもかかわらず金利を比較的低く抑えている要因だ。投資家たちはまだ、ユーロの永続性を信頼していない。中国はと言うと、人民元が真の国際準備通貨として物を言うには金融システムがあまりにも未熟だ。経済も不透明だし、軍事力についても疑問点が多すぎる。アメリカ経済の現状がどうであれ、ドルに対する需要はこの先長い間、高止まりしたままになる。

だが、「マネーボール・アメリカ」と「必要不可欠なアメリカ」とを区別する最も重要な考え方はわかりやすい。すなわち、コミットメント、利害、そしてライバル関係が重なり合うグローバル化した今の世界においては、限られた目的に対して短期的な結果を出すために限られた投資を行うマネーボールのアプローチからは決して生まれない長期的、戦略的思考が必要なのだ。実際、どれだけ多くのアメリカの（そして世界の）問題が短期的思考から発生していることか。

金融危機の教訓にもかかわらず、いまだにあまりにも多くのアメリカの大企業の幹部たちは、絶えず投資家が株価を押し上げていない限り、経営は順風満帆ではないという思考に囚われている。CEOや経営陣は、しっかりした長期成長戦略を犠牲にしてでも、四半期ごとの利益を最大化することに囚われている。事態をさらに悪くしているのが、最大級の会社の最大級の株主の多くが、会社の長期的な実力としなやかな活力についてほとんど関心を持たず、早く利益をあげようとすぐにも持株を売買する大きなポートフォリオのマネージャーだという事実だ。

この問題を外交政策に広げて考えてみよう。アメリカの大統領は、コミットメントを間違えれば後世の評価が地に落ちることを知っている。ベトナム戦争におけるリンドン・ジョンソン然り、あるいはイラク戦争でのジョージ・W・ブッシュ然りだ。政治家は次の選挙に向けて評判を高めようと、外交政策に賛成または反対することに強い魅力を感じるだろうし、悪いときに間違った方針を採用する恐れのある総合的・戦略的世界観などほとんど必要ないと説くマネーボールの考え方は、この問題をいっそう根深いものにする。冷戦に勝利したときの考え方は、そうではなかった。ソ連の影響力の拡大を封じ込めるという方針が、ハリー・トルーマンからジョージ・H・W・ブッシュに至るまで、両党の大統領を多くの勝利と若干の敗北を経て最終的に勝利へと導いたのだ。それは政策をつくるに当たり、原理原則が政治に優先しなければならないという考え方だ。

軍事力は必要か

「必要不可欠なアメリカ」を作るに際しては、軍事力が前ほど意味を持たなくなっており、それを維持する支出をうんと減らすべきだという声に用心する必要がある。軍事力だけに頼らない外交政策が必要だというマネーボール派の言い分は正しい。貿易、投資、制裁、サイバー能力、スパイ活動、エネルギー輸出、そして道徳心への訴えと、明日の国際秩序を形成するために使える手段はすべて使うべきだ。だが、非軍事的手段だけで常に問題が解決するとは限らないし、非軍事的手段一本やりではマネーボール派が主張するほどに効果的だとはおよそ言えない。武器を持ち、より大きな武力にしか屈しない手合いがまだまだいるこの世界では、武力が依然として意味を持っているのだ。

制裁は、限定的な目的を達成できる。確実な軍事的脅威と、行為を改めたことに対する見返りの約束が伴う場合にはとりわけ有効だ。しかし、安全保障問題として時とともに複雑さと危険度が高まっていく北朝鮮のようなならず者国家では、制裁が意図したところと逆の結果をもたらすことになる。ならず者国家の政府は、アメリカとの貿易・投資関係を望んでいない。国内の言動と情報を管理し、富と権力に対する絶対的な支配権を発揮しやすくなる孤立を望んでいる。圧政者にとって、閉ざされた社会を開く経済の力にさらされることは危険なことなのだ。(5)

孤立を好むのはこうした手合いばかりではない。為政者の支持者として比較的閉ざされた経済の中で最も大きな利益を享受している連中は、自分のビジネスや投資を外部からの競争から守ってくれる経済的孤立をしばしば好む。それはある程度開かれた民主政体を取るウクライナのような国についてすら言えることだ。ヨーロッパの多国籍企業と競争するより、ロシアと取引するほうが安心だというオリガルヒ（新興財閥）がそこにはいる。

アメリカの「エネルギー兵器」が、その主唱者たちが思い込みたがるほどに強力なわけでもない。国内の石油および天然ガスの増産に伴って、エネルギー輸出がアメリカの国際的影響力を高めていくことにはなる。だがサウジアラビアやロシアなどと違って、アメリカ政府は自国の天然資源を間接的にすら所有しておらず、したがってその影響力も間接的なものにとどまる。外国産の石油・天然ガスへの依存度を下げていくことは国家安全保障にとってとても重要だが、アメリカのエネルギー企業は株主が所有しており、アメリカ産のエネルギーを最も高い値段で買う意思と能力がある国に売ることになる。また、アメリカ政府は将来、多少は世界のエネルギー価格に対する影響力を高めていくことになるが、これまでサウジアラビアがしてきたような、政治的動機から輸出を増減し、価格に圧力をかけるようになることは決してあり得ない。

だからといって、我々の非軍事的な力をないがしろにしていいというわけではない。だが、非軍事的手段は、強力な軍事力の裏付けがあったほうが効果的だ。そしてアメリカは、その軍事力を世界中のどこでも発揮できる唯一の国であることに変わりはない。これは決して過小評価してはならない長所だ。したがって、我々の軍隊が世界で最も大きく強いだけでなく、最も賢く、最も適応力のある軍隊であり続ける必要がある。そのためには、引き続き最先端の技術に投資していき、その実力を補強していかないといけない。

地域ごとの戦略

アメリカは、軍事・非軍事を問わずすべてのリソースを、民主主義、自由、自由市場資本主義を世界中で促進する長期的なコミットメントを果たすために使うべきだ。ただしこの戦略は、アメリカの（そして世界全体の）将来にとって大変重要ではあるものの、達成するには何十年とかかる。冷戦の勝利は、日々のたゆまざる努力の賜物だった。小さな戦が起きるたびに勝ち、小さな課題が生じるたびに処理していったのだ。同じように、「必要不可欠なアメリカ」も問題を解決できるようになる前に、それらをコントロールできるようにならないといけない。まず地域別アプローチから始めよう。

東アジアは、アメリカおよび世界の経済上、安全保障上の利益にとってより重要な地域だ。しかし、世界で最も経済的ダイナミズムに富んだこの地域は、既存の大国と新興国の競争によって危険にさらされている。その平和を守れるのはアメリカだけだ。中心となる課題は、中国に関与しつつ中国が近隣諸国にもたらす脅威を抑えることにある。そのためにアメリカ政府は、中国政府との間に相互利益をもたらす投資協定を結ぶと同時に、アジアの平和と永続的な経済にとってこの先何十年と鍵となる国々（日本、中国、韓国、インドネシア、フィリピン）との間で通商および安全保障上の結びつきを強めていかねばならない。TPP、そして中国とインドとの2国間投資条約にこぎつけることが、この計画の核になる。

あと2つ、東アジアにおける長期的な政策目標を達成するためにアメリカ政府がやるべきことがある。中国政府とは共通の利害関係があるすべての分野で協力しないといけないが、同時に中国の国民が国内で変化を作り出すよう彼らを豊かにし、力を与え、勇気づける行動を取らないといけない。また、中国政府のためには、来る北朝鮮の崩壊によって広がる悪影響に対して支援することを保証しないといけない。アメリカとしては、北朝鮮が保有する核兵器・核物質を押さえるだけでなく、崩壊によって寄る辺のなくなった2000万人を超える北朝鮮の国民が、東アジアの中心に巨大な経済的穴をあけて人道的危機を生み出さないよう尽力する、さもなければ主に中国の負担を先頭に立って軽減してやることはアメリカ自身の利益になる。朝鮮半島統一に向けて裏で計画をすり合わせていくことは、米中間の信頼関係の構築に役立つし、両国の指導者たちを絶えず苛立たせている昔からの安全保障に関する頭痛の種を処理していくことにもなる。

エネルギーをより効率的かつ環境に配慮した運用技術を、アメリカは中国の企業と共有すべきだというマネーボール派の意見は正しい。すでに中国の指導者たちは、エネルギー利用の効率化ときれいな空気と水の提供は、国家の優先課題であると宣言している。地球温暖化と戦うために二酸化炭素の排出を大幅に減らす包括的な国際合意は、とうてい手の届かないところにあるかもしれない。だが、アメリカと中国はこの先も世界の2大二酸化炭素排出国であり続け、両国のエネルギー依存および汚染を減らす画期的な技術開発に協力することは、双方の国益にかなっている。(6)

アメリカ政府にとって最も重要なのは、貿易・投資の拡大を通して、ますます緊密になっていく経済的相互依存関係の網の中に中国を引き込み、「経済的な相互確証破壊」を強めていくことだ。これもまた信頼関係を強化する一方で、アメリカ、アメリカ経済、そしてアメリカが国外に有する利害関係を不安定化させるコストを高めることにもなる。アメリカ政府は、中国などすべての強権国家の指導者に対して、それぞれの国民の人権を尊重するように呼びかけないといけない。それは国際関係の基本原則の一つだ。アメリカの行動が中国経済を強化するのに役立つものであれば、中国の指導者たちが感じる脅威は薄らぐ。

もしアメリカ政府にこうしたことすべてができれば、中国の指導者たちも国民の言論の自由、情報へのアクセスの改善、そして政治的権利をアメリカが呼びかけることをそれほど心配しなくなる。これがアメリカの長期的な対中戦略の核心であってしかるべきだ。すなわち、世界経済とのつながりに依存する中国に投資するとともに、中国人をより豊かにし、力づけ、彼らが自由を獲得することに対して長期的・持続的支援を行っていくのだ。

中東については、国内エネルギー生産の急増のおかげでアメリカ政府が同地域の将来をそれほど心配しなくて済むというマネーボール派の議論は説得力があるように思えるかもしれない。いくつか基地は残しておくが、数ある紛争はいずれも燃え尽きるのを待てばいい、と。だが、事はそう簡単ではない。化石燃料は当分、世界のエネルギー構成の中心的存在であり続けるからだ。しかも中東は、民主主義の普遍化にとって最大の難所でもある。アルジェリアからエジプトまで、リビアからイラクまで、これらの国々は、選挙だけでは民主主義が生まれないことを思い知らせてくれる。*

当面は、サウジアラビアとイランのライバル関係が、事実上すべての安全保障上の懸念の焦点になっている。というのも中東における重要な国のほとんどで、その（しばしば暴力的な）競合関係が何らかの形で展開されるからだ。もしアメリカ政府がイスラエルおよびペルシャ湾に浮かぶオイルタンカーの安全だけがアメリカの関心事であるかのごとく振る舞えば、やがてサウジ＝イラン間の対決が中東全体の安定を危険にさらすことになる。両国の関係改善と最小限の信頼関係を再構築することが、アメリカ政府がそのような悪夢から逃れる道となる。

中東における民主主義と自由にとって、最も大きな障害とは何か。第1に、エネルギーがもたらす

＊政治学者のサミュエル・ハンティングトンは、与党が2度選挙に敗れて下野すれば民主主義国になったと言える、と論じた。

富がある。いくつかの中東の国では、エネルギーが政府の財政を支えている。権力を維持するのに必要な財政収入を国民に依存していれば、国民の声に注意深く耳を傾けるものだ。第2に、エネルギーをまったく、あるいはほとんど生産しない国においては、富がしばしば軍のエリートの手に集中しており、彼らは自分たちの富や特権が奪われるかもしれない政治的変化に抵抗する。第3に、民主的な選挙が必ずしも民主主義を尊重する政権を生むとは限らない。多くの有権者が過激派を支持しているというもっともな懸念は、選挙を茶番劇としてないがしろにする言い訳になってしまうことがある。最後に、中東における主たる脅威は、現地政府に対するものも、アメリカに対するものも、残虐なテロ行為を厭わないイスラム過激派からもたらされる。

アメリカの長期戦略は、これらの課題一つひとつに対応していかないといけない。まず、中東産の石油・天然ガスだけでなく、すべての石油・天然ガスへのエネルギー構成における依存度を下げなければいけない。何十年か先、アメリカ、ヨーロッパ、中国、インド、日本が自動車を走らせ、家屋を暖房し、電力を供給するのに化石燃料に大きく依存しなくなっていれば、地中から富を汲み出すことに長く頼ってきた中東諸国の政府は、国民に力を与えることによって経済活動を行わざるを得なくなる。数年前なら、それも選挙の季節における空疎な美辞麗句と聞こえていたかもしれない。だが、今では化石燃料および非化石燃料エネルギー双方の生産技術は進歩し、そのような考えがぐっと現実味を増してきている。

次に、アメリカは中東各国政府を対象とする軍事援助および貿易・投資協定について、一般市民が経済力を持てる措置を講じることを条件とすべきだ。これは一般市民がグローバル経済において競争できるようにする教育に投資し、女性がその教育を労働力として生かすことを許容することを意味する。そして友好的であると非友好的であると問わず、すべての政府が人権を尊重するように要求することを意味する。加えて、アメリカ政府としてはアラブの大富豪たちだけが得をする合意を結ぶわけにはいかない。富は広く分配されるべきだ。手始めに政治改革の要求はわきに置き、中東各国の地場の企業や事業主を支援し、中間層の将来見通しを高める努力をするのだ。これは「アラブの春」の余波やシリアおよびイラクにおけるイスラム主義者の反乱にまだおびえている強権的支配者たちにとってはありがたい変化になる。

最後に、マリ、アルジェリアからシリア、イラク、イエメン、ソマリアにかけての地域一帯にはびこるテロリスト集団とは、徹底抗戦を続けないといけない。その多くは表だって行わないとしても、イスラム主義の下で破滅を迎えるという選択肢しか他にはないとなれば、北アフリカから中東にかけての諸国民は決して圧政を拒否しないだろう。

旧ソ連領のユーラシア地域も、やはりアメリカにとって優先課題であり続ける。なぜなら、文字どおりロシアの失地回復政策に対して経済的に弱い立場にあることが、世界最大の市場経済民主主義国集団であるヨーロッパの経済的安全保障を脅かしているからだ。プーチンのユーラシア同盟は、ロシア帝国の再生に他ならない。ソ連崩壊後のロシアで発達した国家とオリガルヒたちが中心となった経済システムの下に、旧ソ連を構成していた共和国をできるだけ多く集めて、それをロシアの大統領が支配するというのだ。これによってプーチンは、ロシアの力に対するロシア人の自信を取り戻し、法が個人の権利や自由を守るのではなく国家を守るためにある、自律的な「管理された民主主義」を確立しようとしている。

プーチンが狙いとする真の帝国を築くには、規模の大きい人口と経済を擁する唯一の加盟候補国ウクライナ抜きでは、ユーラシア同盟も看板倒れになってしまうというマネーボール派の意見は正しい。そしてここ2年で、人口の8割がウクライナ系である国の民心をロシアがつかむのはほぼ不可能になった。とはいえ、EU、そしてひょっとするとNATOといった欧米の組織にウクライナが参加する計画など、とうていプーチンに受け入れられるはずがない。というのも、ロシア国民がウクライナの進展を見守っていることを、プーチンは十分すぎるくらい理解しているからだ。ウクライナの1人当たりGDPは、1990年にはポーランドとほぼ同じだった。2015年には辛うじて4分の1を超えるところまで差が広がっている。理由は単純だ。ポーランドは2004年にEUに加盟したが、ウクライナはロシアの陰で凍結したままだからだ。ウクライナがポーランドのようにEUに加盟して、より強い経済と多くの政治的自由への道を歩むのをロシア国民が見たら、彼らの多くも同じものをほしがるようになる。

アメリカ政府は当面、ウクライナ政府がロシアの圧力に抵抗し、EUに加盟できるようEU内の有志国と協力していかなければならない。そしてロシアからの横槍一つひとつに対して、そのコストを上げるために制裁や世論の圧力を利用していくのだ。アメリカが軍事力を投入する必要はない。ウクライナにとってロシアは、駒を動かせず手詰《ステイルメイト》まりになって引き分けに持ち込もうとあがいているチェスプレーヤーのようなものだ。つまり、ロシアはいつまでもウクライナを不安定なままにし、またウクライナのパートナーたらんとする欧米、特にヨーロッパ諸国を煩わせるために軍事的・経済的圧力を使うことができる。だが、ロシア主導の同盟に参加するようウクライナ人を促すことはできない。アメリカは、ウクライナ人の大多数が明らかに望んでいることを実現できるようにしてあげればいいだけの話なのだ。世界全体のエネルギー構成の多様化が進み、ロシアは石油・天然ガスの輸出によって財政を賄う力が弱まっていく。そのためにいっそう孤立していくが、自分で変革の道を歩んでいくのに任せておけばいい。

ヨーロッパとの関係は半世紀にわたって環大西洋地域の安定と繁栄の基盤であった。アメリカとしては、それに再び投資していくことが極めて重要だ。それは3つのことを意味する。一つは安全保障政策と経済政策の連携を強化していくこと。次にNATOが欧米の安全保障の礎であり続けること。第3に環大西洋貿易投資協定（TTIP）を完成にこぎつけることだ。アメリカ政府は、失われた信頼を回復し、アメリカ、ヨーロッパ双方のテロ対策を向上させるために、NATO加盟国の間で共通の安全保障上の脅威となりうるものに絞った共同監視プログラムを提案し、それにリソースを投入すべきだ。アメリカは、中国の市場アクセスに対する制限や知的財産の侵害と戦うべく、ヨーロッパともっと緊密に協力すべきだ。そして最後に、この先長くヨーロッパの方向性の大部分はドイツによって決まっていくため、アメリカ政府はそのドイツとの関係を改善していかないといけない。

アメリカのリーダーシップは他の地域でも発揮されないといけない。ラテンアメリカの当面の問題は、中米やメキシコの犯罪の増大と不安定化だ。より長期的には、ラテンアメリカで最も重要な新興勢力であるブラジルとの関係を改善する機会がアメリカ政府にはある。アメリカとブラジルがもっと緊密な関係を築くことができれば、アルゼンチン、ベネズエラ、エクアドルなどの国民が、ブラジル、メキシコ、チリのような政治・経済モデルを構築する手助けになり、民主主義と市場経済資本主義を肯定する西半球共通のコンセンサスを形成することが可能になる。

アフリカは、世界でも最速の経済成長と中間層の増大を誇る国々が存在する地域だ。そこでアメリカ政府は、アフリカへのアクセスの拡大に向けて通商関係を深めるべく、もっと多くのことをしないといけない。また、北アフリカや東アフリカ諸国の政府と安全保障上の関係を強化すれば、ソマリアおよびケニアにおける「アル・シャバーブ」、マリの「イスラム・マグレブ諸国のアルカイダ（AQIM）」、イエメンの「アラビア半島のアルカイダ」、そしてシリアおよびイラクにおける「イスラム国」のようなテロ集団と戦うアメリカ政府の能力を長期的に保証することができる。アメリカは、実際に攻撃を受けるまで待っているわけにはいかない。すぐにでもこうしたテロ集団の活動を阻止し、解体していかねばならないのだ。

北極圏についても、もっとまとまった戦略が必要だ。北極圏の氷が解けていくのに伴い、新エネルギーなど天然資源へのアクセスをめぐる競争は高まっていく。そこでのエネルギー探査・開発から利益を得るには、アメリカ政府は北極圏の海底石油・天然ガス開発のガバナンスを強化していかなければばならない。また、北極圏8カ国で航海の自由を守り、この自由がもたらす海上交通の増大によって域内の大気・水質汚染がこれ以上広がらないよう、先頭に立って取り組むのだ。

国際機関に投資しよう

地域ごとのアプローチとは別に、アメリカは、世界の安全保障と繁栄の双方を支える実力とリソースを持つ唯一の国としても必要不可欠なのだ。第1に、世界で最も貧しい人々にアメリカが提供できる支援がある。他国で貧困と闘うために、納税者の金があまりにも多く使われていると主張する人々もいる。だが、助けを必要とする人々のためにできることはしないといけないという道徳的な議論とは別に、他国における貧困がアメリカの友邦や貿易相手国を不安定化させる戦争、さらにはテロリズム、犯罪、そして感染症の温床になることを忘れてはならない。

それに、貧困対策に向けられた援助が連邦予算に占める割合は、多くのアメリカ人が思っているよりずっと小さい。2014年度の予算額は連邦予算全体のたった0・7%に過ぎなかった。234億ドルだ。多いように見えるだろうか？　NGOのオックスファムによれば、2014年にアメリカ人は貧困対策向けの対外援助に1人当たり約80ドル支出した。だが、お菓子には101ドル、芝生の手入れには126ドル、清涼飲料に204ドル使った。(7) どんなに冷たい人でも、苦しみを和らげ、アメリカの安全を守るのに毎年80ドルというのは安いものだと理解できるだろう。

アメリカはまた、民主主義と経済発展の推進に大きな役割を果たしてきたし、今後も果たしていくことができる西側の諸機関の能力としなやかな活力に再投資していくべきだ。国際通貨基金（ＩＭＦ）に対する出資および影響力を通じて、引き続き世界経済の安定に寄与していくべきだ。ＩＭＦは「国際金融の安定性と金融に関する協力の推進に取り組み、国際貿易を促進、高い雇用水準と持続的経済成長の促進、貧困削減の実現に向け尽力する」[8]ことを目的としており、現在１８８カ国が加盟している国際機関だ。その目的達成のために各国経済をモニタリングし、緊急支援を必要とする加盟国に対して融資を行い、技術援助を必要とする加盟国に対して提供している。[9]アメリカ政府はＩＭＦにおいて絶大な影響力を持っているが、それは単に投票権の割合が高いからだけではなく、アメリカの資金的、政治的支持がなければＩＭＦが存続しえないからだ。

アメリカが終戦直後にＩＭＦなどの国際機関を作って以来、アメリカ政府はＩＭＦからの資金供与の約束を、被援助国とその経済により強靭でしなやかな活力を与える民主化および市場化を目指した改革を促進するために使ってきた。「独立するアメリカ」の支持者たちは言う、アメリカ政府がＩＭＦを使って他国に変化を要求する権利がどこにあるのだ、と。そう、まったくない……そういう国の政府がＩＭＦの資金供与を求めてこない限りは。だが、救済を無条件で受ける権利はどの国の政府にもなく、国際的な貸し手側としては借り手に対し、交渉に基づく合意の諸条件に従って貸した金を使うよう要求する権利があるのは当然だ。今の時代には世界中の政府が他にも多くのところから資金を確保することができるが、アメリカにとってＩＭＦはより安定した各国経済を形成していくうえで、いまだ極めて価値のある存在だ。また、世界銀行グループやＷＴＯに対しても長期的に投資していくべきである。

最後に、通商・貿易がある。たしかに通商・貿易は、常に広く大勢の人々に利益をもたらすとは限らない。調印する者すべてが通商協定に裨益《ひえき》することはありうるが、「悪魔は細部に宿る」と言うではないか。ただし、すべての人々に等しく利益をもたらすわけではないという現実も、新しい機会にアメリカが背を向けていい理由にはならない。アメリカは、先頭に立って通商・貿易上の結びつきを拡大していくことによって、皆の繁栄を支えることができる。ＴＰＰ、ＴＴＩＰおよび中国、インドとの2国間投資協定は、貿易、投資、そして市場経済資本主義によって何十億人という人々を貧困から救い、真にグローバルな中間層に引き上げていく力があることを証明する、素晴らしい機会を与えてくれているのだ。

共通の価値観

アメリカの外交政策に関して「マネーボール・アメリカ」と「必要不可欠なアメリカ」の間に決定的な違いが一つあるとすれば、それは価値観が世界を作り替える力についてだ。「必要不可欠なアメリカ」では、自由を通じて安全保障を強めていくための長期的な努力において我々の価値観が中心的な役割を果たしている。

アメリカ＝カナダ間に敷かれた世界最長の国境は全長8891キロに及ぶ。しかも何ら国防のための措置が施されていない。アメリカがカナダより大きな軍事力を持っていることは何ら隠された事実ではないが、双方ともにアメリカが意表を突いて侵略する可能性が低いという自信を持っている。それは両国が共有する価値観のなせる業だ。たとえば、スンニ派とシーア派、イスラエルとパレスチナ、あるいはセルビア人とイスラム教徒が「古来の憎しみ」を発端とする紛争を世界のどこかで起こしたとする。もしあなたがそんなニュースに出くわしたときには、次のことを思い起こしてほしい。ドイツとフランスは1870年から1945年にかけて3度も戦争をしてきたが、現在両国を結びつけている絆を断ち切る力を想像するのは難しい。そしてその絆とは、共有する政治的、経済的、思想的価値観に基づいているのだ。

マネーボール外交の最大の弱点は、価値観が持つ国際システムを形成する力を過小評価しているところにある。価値観なき世界では、列強間の戦争を防ぐことができるのは本質的に不安定なパワーバランスだけだ。ところが、一部の途上国の間でこそ依然として武力が紛争を激化させているものの、世界で最も豊かな国々の間の戦争はまったくと言っていいくらい考えられなくなっている。そういった国々のすべてが民主主義国だというわけではないが、いずれも今の国際システムから利益を受ける能力にその政治的持久力の源泉を有している。

共有する価値観の制度化は、第2次世界大戦の直後に始まった。実際、マーシャルプランはマネーボールのアイデアではないのだ。もちろん、アメリカがヨーロッパ再建に何十億ドルもの資金を出したのは善意からではない。共産主義の西方拡大を阻止する西ヨーロッパの能力に対して、計算高い投資を行ったのだ。今のうちに大金を投資することで、将来巨額の資金や何万人ものアメリカ人の命を犠牲にすることがないよう、緻密に計算された計画だったのだ。ただし、それが成功したのは、計画を立てた人々がともに民主主義および資本主義を信奉しており、確実に資金が有効活用されると理解していたからだった。共通の価値観はマーシャルプランの成功だけでなく、冷戦の勝利においても中心的役割を果たした。世界にとって必要不可欠な国たりうるのはアメリカしかない。なぜなら、アメリカだけが国際政治と世界経済を安定させ、アメリカの長期的な安全および繁栄を補強することができる一連の価値観を広げ、深めていく手段と意志を持っているからだ。

アメリカの価値観を推進していくと言っても、やみくもに世界中で「人民の力」による革命を促していくということではない。すべての国において全国的な選挙を行う用意ができていると思うのは愚かであり、危険でもある。民主化は、統治者が非統治者に対して、後者がさしあたって必要とするものを供与するだけでは成しえない。長期にわたる政治的、経済的機会を形成していく責任を統治者が有しているという期待を国民の間に醸成していくことから始まる。国家の安定だけでなく個人の権利を守るように設計された制度的枠組みを構築し、守っていくことが必要だ。信頼できる情報に対する公のアクセスにも依存している。そして権力を持つ者には透明性と説明責任が要求される。それは一連の政治的、経済的諸原則を推進するために日々、一歩ずつ進められている闘いだ。そして長期的な賭け、マーシャルプラン同様、成功の保証がないままに行われなければいけない投資なのだ。

各国で影響力を広げる努力とは別に、アメリカの政治的、経済的、軍事的な実力を、いかなる国もその近隣諸国がこうした価値観を受け入れることを妨げないのを確かにするために使うべきだ。要するに各国が他国の自由を尊重しないといけない。だからＮＡＴＯが、ポーランド、ハンガリー、チェコ共和国といった旧共産国、さらにはリトアニア、ラトビア、エストニアといった旧ソ連共和国までも拡大していくことに反対する人々は、近視眼的でシニカルなマネーボール思考に陥っているのだ。こうした国々にとって、20世紀とは外部勢力による支配の歴史だった。民主的に選出された政権がとる選択に対して、ロシアに拒否権を与えることは道徳的に間違っている。より本質的なこととして理解すべきは、拡大に対するロシアの反発がＮＡＴＯによるロシア侵略への恐れに起因するものではないことだ。前に触れたようにロシア政府が恐れているのは、西側の諸機関に加盟し、西側の価値観を受け入れた旧共産国が、より強く、豊かになるのをロシア国民が気づくことなのだ。

国外で我々の価値観を推進することは、移民を引き付けることによってアメリカがさらに良くなるという形で国内も強くする。我々アメリカ人は、自分のことは自分が決めるべきだという信念を持っている。価値観を共有する人々を引き寄せることは、アメリカの民主主義と経済の原動力になる。中国はどういう価値観を代表しているのか？　ロシアは？　アメリカにだって多々欠点はあるが、個人の自由が国力の源泉だという原理原則を体現している。我々はこの理想のために、内外において投資していかないといけない。

民主主義と自由

我々の原理原則で最も重要なのは、民主主義と個人の自由だ。民主主義とは、単に選挙で民主的にリーダーを選ぶ統治システムのことだけではない。同時に言論と集会の自由が保護され、自由な報道が政府の説明責任を追及し、政府の諸機関の権能が政治エリートではなく市民に依拠しており、すべての市民の政治的権利と人権が守られるシステムでもある。

民主主義を促進するべきだという議論は、単なる道徳的議論ではない。近年、アメリカの力の優位性が低下してきていることは否定できず、軍事力、経済力、外交力を使って政府が望む結果を出すことが前より難しくなってきている。アメリカには味方が必要だ。そしてアメリカが国外で民主主義に投資し、それを推進していくべきなのは、民主主義国のほうがより良いパートナーとなる可能性が高いからだ。理由はいくつかある。

まず、民主主義国は予測可能性が高いことだ。民主主義国の政府は国民の意見をより良く反映するので、世襲、軍事クーデタ、あるいは革命によって誕生した政府と比べ、世界観や政策の方向性がガラッと変わってしまう可能性が低い。民主主義国は基本的価値観をひととおり共有しているので、相互にコンセンサスを形成しやすい[10]。お互いに戦争になる可能性が相対的に低い[11]。また、テロリズムを支持せず、人為的な人道的惨事を引き起こす可能性も低い。

民主主義国はまた、平和と安定を大事にする傾向がある。なぜなら民主主義国のほうが市場経済を構築し、より豊かになる可能性が高いが、その結果としてより良い通商・貿易の相手国となり、武力紛争で失うものもより多くなるからだ。そして法の支配に依存するが、法が保証する契約の自由と私有財産の尊重は、永続的な（かつ広く共有される）経済的成功を構成する基本要素の一つだ。実際、人口６００万以上の国のうち、１人当たりＧＤＰの上位15カ国はすべて民主主義国だ[12]。中国経済をたった30年で高みまで引き上げた爆発的成長について多くが語られているが、１人当たりＧＤＰをどう計算するかにもよるが、中国は依然として世界で84位から97位あたりにとどまっている。世界で2番目の経済規模を誇ってはいるが、まだ貧しい国なのだ。

民主主義の推進を批判する人々の一部は、それがすべての文化に適しているわけではないと主張する。民主主義はロシアや中国にとって正しい政府のあり方なのだろうか？　統治とは国民の同意の下に行われることを保証するシステムだが、両国にはどれほどの経験があるのか？　だが、代議制民主主義が韓国で成功するなら、北朝鮮でだって定着するはずだ。ウクライナで歩みを進められるのであればロシアでも育つはずだ。そして、台湾で成功するなら中国でも成功するはずだ。ラテンアメリカ、アフリカ、そして一部の旧ソ連共和国でも民主主義が広がっている。社会が違えば文化的、政治的価値観も違ってくるが、民主主義、人権保護の制度化、そして言論の自由は世界各地で確立されている。それは一つにはアメリカの成功例があるからでもあり、もう一つにはヨーロッパとアジアを中心にこうした価値観を守るためにアメリカの軍事力が使われたからでもある。

次の世代においては、安全保障上のリスクが１国の中から発生する可能性が、国家間の紛争から発生する可能性と同じくらいある。弱い民主主義国や強権国家では紛争が国境を越えて広がりがちで、中東やアフリカにおいて特にそれが言える。アメリカの投資だけでは他国に民主主義をもたらすことは決してできないが、民主主義の制度的枠組みを促進する外部からのコミットメントがないと、それが定着し、根を下ろしていく可能性もずっと低くなる。

最後に、道徳的な議論を完全に避けるようなこともやめよう。人間すべからくそうであるように、アメリカ人もまた助けを必要とする人々に自ら手を差し伸べることに誇りを持っている。欠点は多々あるにしろ、民主主義は個々の市民が自助努力により元々持っている可能性を実現する方法として、他のいかなる政治システムより優れている。つまり、アメリカが代議政治を推進すべき究極の理由は、それが正しいからだ。

どのように民主主義を推進すべきか？ それは他国を侵略し、占領し、選挙を挙行することによってではない。このやり方は終戦後の日本ではうまくいったかもしれないが、過去10年以上に及ぶイラクの苦難の歴史が証明するように、民主主義を確実に定着させるために必要な長期国外派兵に対する国内の支持が限られている場合にはうまくいかない。日本とドイツには依然としてアメリカ兵が駐留しているが、他の国にそれだけ長い間アメリカのリソースを注ぎ続けることに対して国内の支持を得るには、おそらく再び破滅的な戦争を要することだろう。

そうではなく、アメリカの政策決定者たちは民主主義を長期的に推進するために、引き続きアメリカのパワーと国際機関におけるリーダーシップを源泉とする影響力およびレバレッジを使っていくべきなのだ。つまり、もし他国の政府が輸出品でアメリカの消費者にアクセスしたい、アメリカからの投資がほしい、米軍ともっと緊密に結びついて安全保障を強化したい、あるいはＩＭＦや世界銀行からの金融支援がほしいというのであれば、アメリカの政策決定者はそういう政府に対して民主化に向けて実質的な動きを見せることを要求していい。アメリカの外交政策には矛盾が付きものだ。アメリカ政府は、ウクライナに対して民主化を要求するほどにはサウジアラビアに要求しないかもしれない。だが、アメリカの利益を追求しつつ、アメリカの価値観を推進することはできる。[13]

選挙の実施を求めるだけでは不十分だ。アメリカ政府は、法の支配、言論の自由、宗教の自由、集会の自由、そして人権の尊重を推進するために、こういった手段すべてを使っていくべきだ。我々は、できるだけ多くの人々に考え方や情報へのアクセスを与えるべく、新しいコミュニケーション手段が世界的に広がっていく支援しないといけない。まだ世界には激しい抑圧を行っている政権が存在するのだから、情報へのアクセスを増やすのは無駄だと主張する人たちがいる。たしかに圧政者をすぐにも1人残らず排除できるとは思わないだろう。だが情報へのアクセスの拡大によって、あらゆる政府がそれぞれの国民の意思にもっと頻繁に対応せざるを得なくなると考えることはできる。

中国の成功は必要だ

最後に、こうした価値観がすべて根本的に損なわれている国とアメリカの関係がどんどん重要になっていることについて、もう少し話したい。中国との結びつきの重要性は、東アジアへのアメリカの関与という範疇をはるかに超える永続的なものだ。この関係は、この先何十年にもわたって世界で最も重要な2国間関係であり続ける。アメリカにとって中国の成功は必要だ。我々の製品を中国の消費者に購入してもらい、我々の債務を中国政府に引き受けてもらわないといけない。中国には世界経済を支えるのに一役買ってもらう必要もある。だが、中国にこうしたことができるのは、社会が引き続き安定し、経済成長が比較的予測可能な経路をたどっていく場合だけだ。そして当面は、未曾有の大きな変化を実現することに没頭する強権的政府を擁する巨大な途上国として、中国をありのままに受け入れることを意味する。

ただし、より長期的に見れば、中国の安定は指導者たちがどこまで時代の変化についていき、いつまでも社会をトップダウンで導いていくことはできないことを受け入れて、自らの将来を自ら決定していく権利を国民に与える意志と能力を持てるかにかかっている。指導者の中には、国内経済を開放し、グローバルな経済システムの中に統合していくという、大きなビジョンと勇気を示した人々もいた。2001年WTO加盟、そしてWTOの権威を尊重するという中国政府の決定、その大躍進に対するアメリカの民主・共和両党の賢明な支持は、より安全でより豊かな世界への道における大きな功績だ。

アメリカは中国に、ルールに基づく国際秩序のステークホルダーとして大きな利害関係を持たせることによって、現行システムの中での成功を約束する強力なインセンティブを作り出した。中国が国益を追求し、それがアメリカの利益に反するときも、中国が自らのマネーボール外交に長期的投資をするときも、中国が現行の世界秩序のステークホルダーであることは、第3次世界大戦のきっかけとなりかねなかった冷戦時代のゼロサムゲームの論理に戻ってしまうリスクを小さくしている。

あいにく、中国が引き続きこの道をたどっていく保証はない。中国の国内での改革が混乱を引き起こして、かつてない規模の武力衝突が発生した場合、どうなるかは知るすべもない。加速する一方の変化にどう対応するのが一番いいか、共産党内が割れたときにどう指導部が反応するか、知るすべもない。これまで得てきたものが失われ、中国の成長にその速度・方向性がますます依存するようになっている世界経済が、暗く、海図のない海へと漂い出していく可能性は十分にある。

中国の成功が現行の国際システムに依存することを確かにするために、アメリカはできることをすべて実行すべきだ。ただし、同時に中国の国民が政府に対してより高度の透明性と説明責任を求め、個人の権利を尊重させられるように後押しすべきだ。そして、それこそが中国の長期的安定にとって必要不可欠な要素なのだ。中国の指導者たちが国家から国民へと引き渡さなければいけないのは、富だけではない。権力もまた徐々に、しかし確実に引き渡していかねばならない。それは我々も含め、すべての人々にとって利益になる。中国の国民がこの変化を要求するよう彼らを力づけていくことこそが、アメリカの外交政策の長期目標の最たるものであってしかるべきだ。

＊＊＊

アメリカは決して衰退しつつあるわけではない。我々は引き続き、自由、高い生活水準、そして世界最強の軍隊による保護を享受しつつ、国外のリスクや責任には懸命に目をつぶることもできる。そして戦没者追悼記念日には兵士に感謝し、7月4日には建国の父たちに感謝し、彼ら素晴らしいアメリカ人が世界のために成し遂げた偉業の数々について、自分たち自身を祝福することもできる。

だが、それだけでは足りない。

世界中でますます多くの人々が、自分たちの同意がなければ政治指導者たちが統治することはできないと主張するようになりつつある。そして、さらに多くの人々が、繁栄を作り出す市場の力を受け入れるようになっている。だが、民主主義と市場経済への信頼は、自然発生的に出現したわけではない。アメリカとその仲間が推進し、守るために闘ってきたのだ。アメリカがこうした価値観のために闘わなかった世界、先の2つの大戦後にヨーロッパとその諸問題に背を向けてしまった世界を想像してほしい。もしアメリカがソ連の挑戦を受けて立たないと判断していたら、我々の住む世界はどうなっていたか?

アイゼンハワー大統領はスタトラー・ホテルで行った演説で、冷戦はおそろしく高くつくかもしれないと警告した。だが、ロシア政府が警告を無視して国際的な影響力を拡大しようとしたとき、彼は長く、高価な対決になることを承知でトルーマン大統領が敷いた基盤の上にアメリカをコミットし、その後も大統領7代にわたってその路線が踏襲された。そしてソ連の共産主義がついに破綻を迎えたとき、民主主義、言論の自由、そして市場経済資本主義が長期的な世界制覇の次の段階に入ったのだった。

もしアメリカが、もう仕事は終わった、もうアメリカ人はこうした価値観のために闘わないと判断した場合、世界にのしかかってくるコストを想像していただきたい。達成可能なことがすべて達成されたわけではないのだ。ここ一世代のうちに何億人もの人々が貧困から脱出したが、いまだにより良い生活への希望を持てないでいる人々の何と多いことか。今や何億人もの人々が、代議民主制と正しく呼べる国に住んでいるが、いまだに同意なしに統治されている人々の何と多いことか。

アメリカの軍事力だけで、こうした人々すべてを貧困や圧政から解放することはできないし、永続的に前向きな変化を推進するには時間がかかる。だが、すべての人々のために有益だと歴史が証明している価値観に向けて他を導いていくうえで、アメリカやその仲間ができること、やるべきことはたくさんある。

10の質問に戻ろう。太字で表示してあるのは「必要不可欠なアメリカ」の支持者がするであろう回答とその理由だ。

「必要不可欠なアメリカ」の回答例

1 自由とは

ⓐ すべての人が有する権利だ。
ⓑ 脆い存在だ。アメリカの国民は、国内でこそ自由を守らないといけない。
ⓒ 人それぞれの見方次第だ。

自由を渇望するというのは、何もアメリカ人の発明ではなく、普遍的な価値だ。だがアメリカは、世界中の人々が基本的な自由を勝ち取ることを助けるうえで比類ない力を持っている。

2 アメリカは

ⓐ 体現する価値ゆえに、特別な存在だ。
ⓑ これまで世界のためにしてきたことゆえに、特別な存在だ。
ⓒ 特別な国ではない。アメリカは最も強い国だが、だからといって、いつでも正しいと

は限らない。

他国のリーダーたちが自国民に対して責任を持つことをに関して、アメリカ以上のことをやってきた国は歴史上存在しない。そして、その仕事はまだ終わっていない。

3

次のうち、あなたの意見に最も近いのはどれか。

ⓐ アメリカは自分のことに専念して、他国にも自分のことは自分で何とかしてもらうことがアメリカにとって最もいいことだ。

ⓑ アメリカが世界をリードしなければいけない。

ⓒ アメリカの外交政策の主たる目的は、アメリカをもっと安全で豊かにすることだ。世界中で基本的自由を推進し、守れるのはアメリカしかいない。

4

中国は

ⓐ アメリカにとって最大のチャレンジであり、最大のチャンスでもある。

ⓑ あまりにも多くの仕事をアメリカ人から奪っている。

ⓒ 世界最大の独裁国家だ。

国民の真のポテンシャルを解き放つまで、中国は決して安全で豊かになることはない。また、すべてが相互に関連している今の世界では、中国が不安定で貧しいと、アメリカも安全で豊かではいられない。

5 中東におけるアメリカ最大の問題は

ⓐ アメリカ政府が中東の民衆ではなく、独裁者たちを支持していることだ。

ⓑ 小さな問題が大きくなるまでアメリカ政府が放っておくことだ。

ⓒ 手のつけようがない地域にもかかわらず、アメリカ政府が何とかできると思い込んでいることだ。

アメリカのリーダーは、中東の「症状」ばかりを治療して、国民がポテンシャルを発揮するのを各政府が許そうとしない「病」そのものを放置することが多すぎる。

6 アメリカの諜報能力は

ⓐ いつの時代でも諸刃の剣だ。

ⓑ アメリカ国民のプライバシーに対する脅威だ。

ⓒ アメリカを守るのに必要だ。

アメリカは、攻撃から自らを守るためにあらゆる合法的手段を利用すべきだ。

7

アメリカ大統領の最大の責務は

ⓐ アメリカの国益を内外で追求することだ。

ⓑ 合衆国憲法を推進し、守っていくことだ。

ⓒ リードすることだ。

ビジョンのないところには、永続する進歩もない。

8

次のうち、あなたの意見に最も近いのはどれか。

ⓐ 偉大なリーダーは、世界を変えることができる。

ⓑ 偉大なリーダーは、範を垂れることによってリードしないといけない。

ⓒ 現実の世の中ではどんなリーダーも、まずい選択肢ばかりの中から少しでもましなものを選ばないといけないことが、しばしばある。

混沌とした世界では誰かがリードする必要がある。アメリカほどその条件が備わっている国はない。

9

次のうち、どれが最も大きな危険にさらされているか。

ⓐ アメリカの経済
ⓑ アメリカに対する国際的な評価
ⓒ 建国の理念に対するアメリカのリーダーたちの敬意

世界はアメリカを見ている。我々の敵も味方も、アメリカがリードする気があるかどうか知りたがっている。

10

2050年までに世界はどうなっていてほしいか。

ⓐ アメリカは頼りになり、志を同じくする友邦とリーダーシップの重荷を分かち合っている。
ⓑ アメリカ国内で、完全な調和が実現している。
ⓒ 世界中でできるだけ多くの人々が、本来持つべき自由を奪っている独裁者たちを倒すために、アメリカのリーダーシップが役立っている。

不安定な世界で、繁栄と安全を保ち続けることはできない。

第6章
岐路に立つアメリカ

あまりにも多くの国民が、我が子の将来を心配しています。その一方で、世界経済における競争は激しさを増すばかりです。だからもう戦争のコストを無視できなくなっているのです
――バラク・オバマ
（2009年12月1日、ニューヨーク州の陸軍士官学校にて）

〔アメリカが〕アフガニスタン側に責任を移譲する時機を設定することに反対する人々がいます。中には……最大10年間にわたる国家再建プロジェクトにアメリカがコミットすべきだという人々もいます。しかし、私はその道を拒否します。なぜならば、それは合理的なコストで実現できないからです。しかも、アメリカの国益を確保するのに達成しなければならない目標以上の諸目標を設定することになるからです。

バラク・オバマ（2009年12月1日ニューヨーク州の陸軍士官学校にて）

我々の大義は正しく、決意は揺るぎません。我々は正義こそ力なりとの自信を持ち、より安全なアメリカと安心できる世界、そして深甚な恐怖ではなく、高遠な希望に満ちた未来を築くという誓約の下に進んでいきます。

バラク・オバマ（2009年12月1日ニューヨーク州の陸軍士官学校にて）

オバマ大統領は世の中を完全に混乱させている。公平を期すために言うと、彼は高くついた評判の悪い2つの戦争、歴史的に深刻な金融危機、そして深い亀裂のある国家を引き継いでしまった。これはオバマよりずっと外交政策上の経験を有する大統領であったとしても、厄介な重荷になるところだ。2009年の彼は、多くの国民が望むのは、両戦争を打ち切り、新たな戦争は避け、経済破綻を回避することだと理解していた。そして、それをおおむね実現した。

だが、これほど外交政策上の明確な焦点がぼやけた大統領は、ここ何十年といなかった。かつてアメリカの偉大さやリーダーシップの責任について、ロナルド・レーガン、ビル・クリントン、ジョージ・W・ブッシュが語ってきたが、世界におけるアメリカの役割について語るオバマの演説は、時として、歴代のどの大統領よりも雄弁だ。だがオバマは、アメリカが「世界情勢において唯一の必要不可欠な国であることは、今後ともずっと変わらない」[1]と本気で信じているのだろうか。本人はそう言ったことがあるが、1期目の「アジア・ピボット」——すなわち強権国家の中国と関与しつつも、中国の台頭に対抗すべく、その近隣諸国と協調するために世界各国からリソースを移す政策——は、オバマがときに抜け目がなく、常に慎重なマネーボールの実践者であることを示唆している。

ではオバマは、アメリカの国益と衝突する場合にはいつ、どこでもアメリカの価値観を棚上げにする心づもりがあるのだろうか。しかし、またあるときには、外交政策上の願望はアメリカの限りある財力の許す範囲にとどめるべきだと、第2次世界大戦開始以降のどの大統領よりも強調している。それが「これらの戦争のコストを無視するだけでは済まなくなっている」と言い、「アメリカ経済がうまくいくように、日々私の持ちうる時間と力の限りを尽くす(2)」ことを約束するときに彼が発信しているメッセージなのだ。

現実には、アメリカにはもはや外交政策についての戦略が存在しない。オバマ大統領は、外国の指導者たちに対して、あれをしろ、これをするなと指図しながら、我々はコストを気にしなければと言う。それも、高くつく行動に対する国民の支持がないことに外国の指導者たちがまるで気がついておらず、「重大な結果」を招くとでも脅せば我々の思うとおりに行動するとでもいうように。

ところが、オバマを批判する共和党の面々はというと、我々が「リード」すればそれで足りるかのようなことを言いながら、それが何を意味し、どれだけのコストが伴うのかを説明しようとしない。味方に軍備を与えよう、悪い連中を爆撃しよう、大きな警棒を振り回せ、こちらが本気だというところを見せてやれ……。次の大統領候補の一団が舞台に上がってくれれば、このような空疎な戦いへの呼びかけをさらに聞かされることになるだろう。この事態を我々は憂慮すべきだ。発言と行動が食い違っていても、アメリカの武力自体がものを言っていた頃にはそれほど問題にはならなかったが、そんな日々はもう遠い昔だ。戦略を選び、それに我々の発言を合わせていかねばならないのだ。

過ちを犯してもアメリカの将来におよそ影響がないような時代には、外交政策上の厳しい選択を政治家が避けるのは容易なことだ。しかし、この先も世界は予測困難で、より危険になっていく。もし次期大統領が、世界におけるアメリカの役割について大きなビジョンを持たずに目の前の課題から次の課題へと移っていき、しかも今後も我々の言葉が行動よりはるかに先走っているとなれば、どんな大統領といえども処理しきれないほどの外交政策上の問題や危機に直面することになる。

選択しないという選択

なぜ選択しないのかを詳しく述べる前に、別の考え方を真面目に見てみよう。それは、一種の「戦略なき戦略」を作り出すほうが賢明かもしれないという考え方だ。望まない戦いにアメリカがコミットすることなく、敵には当方の意図を悟られないようにするというわけだ。もしアメリカ政府が、どういう場合に介入し、どういう場合に介入しないかを明白にすれば、我々が争うつもりがないと宣言したすべての土地を、他国に差し出していることになる。守る用意のないすべての原理原則を攻撃し、我々が引いたレッドラインの向こう側で悪行の限りを尽くしてくれと言うようなものだ。そしてもっとまずいのは、敵がレッドラインぎりぎりまで迫るのを許せば、勢い余ってその線を越えてしまい、アメリカとしては望まないときに対応を迫られることになる、というのがその議論だ。

我々がいつ戦い、いつ戦わないかを推量させておくほうが賢いのではないか。政府が事細かな外交政策上のドクトリンを作ると、国民が支持しない公約を推し進めざるを得なくなるかもしれない。なぜ、のちに撤回するかもしれないレッドラインを引くのか。歴史を見るがいい。「ドミノ理論」――すなわち、いかなるところでも共産主義と戦う意思を持たなければ、彼らはあらゆるところから攻めてくるという冷戦時代の確信が、ベトナムでの不要な戦争につながった。その確信によってベトナムの内戦が大規模な共産主義からの挑戦だと勘違いしてしまう結果となったのだ。もっと教条的でないアプローチを取っていれば、何万人ものアメリカ人の命を救えたはずだ。「創造的あいまい」という戦略は、台湾の独立を守りつつ中国との戦争のリスクを最小限にとどめるのにも役立っている。アメリカはいかなる場合であっても台湾を守るとは約束していないが、中国としては、アメリカとの紛争を引き起こす可能性を考えずに侵略を計画することはできない。やることを減らしてでも敵には悟られずに、こちらの決意のほどを試していいのかどうか確信を持たれないようにしておくのだ。

味方にすらわからないようにしておくことも悪くないかもしれない。第2次大戦終結後のアメリカは、日本とドイツの安全保障について責任を持つようになった。そしてアメリカによる保護のおかげで自らの防衛費を軽減できたことが、両国が豊かになった一因でもある。終戦から70年、どうして世界で最も豊かな2カ国を守るために、いまだに自分たちの金を使っているのか、アメリカの納税者が疑問を持っても不思議ではない。とはいっても、ドイツと日本がアメリカ政府に安全保障を依存していることは我々にとっても有益だし、両国政府に対する影響力も失いたくない。そこで我々の意図をあいまいにしておけば、将来アメリカの方向性が変わることを考慮して両国政府が軍事支出を増やす一方で、両国に対するアメリカの影響力を維持していくこともできるかもしれない。アメリカ政府にとって一石二鳥の、最も望ましい結果だ。

ひょっとすると、オバマのアドリブはうまくいったのかもしれない。リビアのカダフィを倒した綿密な軍事作戦では、カダフィが破壊すると断言した地域で何千人ものリビア人の命を救った。他方、同じような攻撃をシリアのアサド政権に対して行わなかったことや、ウクライナに対してNATOの軍事的支援を行わなかったのも、成功の可能性がずっと低く、意図せずして民間人を何千人と殺害してしまうことがアメリカの責任にならなかったという意味で賢明だった。いずれの紛争もアメリカの国家安全保障を直接脅かすものではなかったからだ。だが3件とも人道上の危機に対する我々の決意のほどを試されたが、似たような諸問題について違う方針で臨んだオバマのやり方は賢明だったのではないか。中国の近隣諸国との紛争に対して、アメリカ政府は一貫した態度を取るべきだという批判があるかもしれない。だが大統領は、南シナ海より東シナ海における中国の攻勢に対して強硬な路線を引くべきではないか。なにしろ東シナ海における中国の敵である日本はアメリカの同盟国で、南シナ海における中国の主たる敵であるベトナムはアメリカの同盟国ではないのだ。

変化の激しい今の世界においては、柔軟性は長所なのではないか。優先順位は変わっていく。アメリカの力を内側から作っていきたいが、様々な危機に対して迅速かつ力強く対応する能力も維持せねばならない。また、思想的一貫性を理由に、守れる保証のない高価で危険な約束をする余裕はない。我々が何を大切だと考え、何をし、何をしないかを、なぜあらかじめ世界に知らせなければいけないのだ。

大きすぎるリスク

このやり方がうまくいかない理由を説明しよう。第1章で論じたとおり、アメリカ政府が望むものを他国の政府から確保する力は、冷戦後で最も低い水準に下がってきている。しかもそれは公然の事実だ。アメリカの国民が、リーダーたちにもっと行動を控えてほしいと思っていることは誰もが知っている。大統領と連邦議員は、世界が変化しており、アメリカ自体は衰退していなくとも、アメリカの国際的影響力は低下していることを受け入れるべきだ。もしこの現実を無視すれば、友好国の政府はアメリカの政策決定者およびその判断を信用できないと結論づけるだろうし、非友好国の政府はアメリカ政府が自らの脅しを実行する能力を過大評価していると考えるようになるだろう。アメリカ政府ははったりをかけてはいけない。かけられるだけの強い手札がないのだから。

また、その場その場で外交政策を決めていく余裕もない。オバマ大統領は、2014年4月のアジア訪問後、記者団相手のオフレコのブリーフィングで自分の外交政策ドクトリンの簡潔な定義を提示した。彼は「バカなことをするな*」と言ったと伝えられているが、それは「まず害をなさないようにしよう(3)」をもっと俗っぽく言いたかったのだ。自分の発言を世間が言葉どおりに受け止めてほしいと

＊大統領はもっときつい言葉を使ったと伝えられている。この引用句は、報道機関の編集ガイドラインに違反しない表現に従っている。

彼が思っていたなら、完全にアドリブで完全に何をしないかということによって特定されるという自分の戦略的思考の一端を垣間見せたのだった。オバマ大統領の1期目の国務長官だったヒラリー・クリントンが数週間後にかつてのボスの発言について、ジャーナリストのジェフリー・ゴールドバーグに「偉大な国は統合原理が必要だが、『バカなことをするな』というのは統合原理にならない」と鋭い批判の矢を向けたことが話題になった。[4]

2014年10月、国家安全保障担当補佐官のスーザン・ライスがホワイトハウスに外交政策の専門家グループを招き、オバマ政権の政策に関するフィードバックを求めた。ニューヨークタイムズによれば、政権が外交政策目標を詳しく述べる文書として連邦議会が義務付けている「国家安全保障戦略」の公表を遅らせたことに対して、専門家から批判が挙がったという。某出席者によると、ライスは次のように言ってその批判を退けた。「もし2月か4月か7月に公表していれば、いずれの場合でも2週間後に起きた事件によって古くなっているところだった」[5]

別の言い方をすると「世の中の変化が速すぎて、30日以上効力のある外交政策を設定することができない」のだ。

だが、世界に対して首尾一貫したアプローチを形成し、その中でアメリカの役割を決めていくには統合原理が必要だ。そういう原理原則を守ることは、外交の責任者たちにとって必要不可欠な信用を確立するのにも役立つ。アメリカ政府がリードしたいのであれば同盟国にリスクを取るよう求めないといけないが、アメリカが安全保障上の約束をしても守る保証がなければ役に立たない。制裁は他の国々もそれを尊重し、執行するために犠牲を払ってくれないとうまくいかないが、アメリカ政府が本気だと彼らが思わなければ、そんな犠牲を払おうとはしない。環境を守るために二酸化炭素排出を抑えるよう国内産業に要求するという約束をアメリカ政府が守らなければ、各国政府もそのような犠牲は払わない。そしてアメリカ大統領が引いたレッドラインを敵が越えてアメリカ政府が何もしなければ、大統領の過去の約束も未来の約束もすべて疑わしくなる。レッドラインを引くのは実際に武力を行使するより安上がりで安全だが、それもその脅しに説得力があってのことだ。

あいまいでアドリブに頼る外交政策は、ライバル国や敵にアメリカの真意を探らせることにもなる。また、同盟国は自らの安全保障にどこまで責任を持てばいいのかわからず、中には来もしない支援を当てにしてリスクを取る国も出てくるだろうし、アメリカのリーダーシップがない世界に適応しようとする国もあるだろう。だが同盟国の政府は、どの約束を守りどの約束を守らないのかをアメリカ政府が明らかにしなければ、自らの安全保障のためにさらなる財政支出を行い、リスクを背負い込むために必要な国内の支持を得られない。自信のある同盟国の中には自分にとって重要な課題についてもっとリーダーシップを発揮したいという国もあるかもしれないが、いざというときにアメリカが支えてくれる確信がなければ、進んで先頭に立つ可能性はぐっと小さくなるだろう。大統領や長老議員がバラバラのメッセージを発信するのは、政治的には都合がいいのかもしれないが、その分すべての関係者が計算間違いをするリスクが高まるので、政策の決定・実行にとっては悪いことだ。創造的あいまいによって、困難な意思決定を政策決定者たちが丸ごと回避できるようになるが、その結果、国民ですらどういう場合にアメリカが反発し、どういう場合にしないのかがわからないことになる。

同盟国をこんなふうに扱っていいわけがない。アメリカは、一度たりとも大事なことを単独で成し遂げたことがない。我々が称賛するすべての偉業は、仲間やパートナーの支援を得て達成してきたのだ。長年我々と行をともにしてきた仲間は、必要なときにアメリカ大統領が応えてくれるのかを知る必要がある。同盟国も敵対国も、アメリカがリードするつもりなのか、核心的利益のためだけに闘うのか、それともアメリカが駆けつけてこない世界に適応すべきかを知らなければならないのだ。

アメリカ政府の意図を知る権利がある利害関係者がもう1人いる。それはアメリカの有権者だ。テレビやラジオでは様々な選挙公約が取り上げられているが、我々のリーダーたちが行う外交政策上の決定が、国内の暮らしに、アメリカ経済の強さとしなやかさに、米軍の兵士たちに、そしてアメリカの将来そのものにとって途方もなく大きな影響があることを忘れないようにしよう。有権者は、候補者たちが何を信じ、どのように決断するかを知る権利がある。アメリカの国民は、何に対して1票を投じようとしているのかを知る必要がある。

ユーラシアとヨーロッパについての選択

アメリカが選択し、敵にも味方にもその選択を伝える必要性を明らかにする、現実の世界における例をいくつか挙げよう。まずユーラシア、すなわち旧ソ連領およびその隣接諸国だ。ロシアは力を失いつつある。この先ますます弱体化は進み、プーチン大統領の国内のおける立場がより不確かになるにつれ、ロシアの外交政策は今以上に予測がつかないものになるだろう。加速するロシア政府の気まぐれに対して備える必要のあるヨーロッパとしては、アメリカ政府に何を期待でき、何を期待できないのかを知らねばならない。そうすることで初めて、アメリカ政府の助けを得てにせよ、単独でにせよ、その脅威へ対応する準備ができるからだ。

なぜロシアが弱りつつあるのか。ロシア政府は依然としてエネルギー輸出に財政収入と経済成長を頼っている。ここ10年間、経済の多様化を進めるどころか、国民の創意・工夫のポテンシャルを開発するのではなく、地下の石油・天然ガスの開発にいっそう依存するようになってきている。そのため、似たような規模の国民経済ではほかに見られない、石油価格の変動に大きく経済動向が左右される構造になっている。ところが、先進工業国は経済活動に必要なエネルギー構成をさらに多様化しつつあり、先進国全体の石油需要はおそらくピークを過ぎている。ロシアとしては台頭しつつある中国にもっとエネルギーを売ることができるし、実際2014年に、プーチンは30年間で4000億ドル相当の天然ガスを売却する契約を習近平国家主席と結んだ。[6] だが、ロシアの産品に対する欧米の需要が減ると、中国などはよりシビアな価格交渉をするようになり、結果的にロシアの財政収入も減ってしまう。第1章で詳述したアメリカのエネルギー革命は、他国にも自らの化石燃料を発見し、生産させる新技術の活用を促すものだ。結果として世界全体の供給を増やし、さらに価格を押し下げる圧力になっていく。

プーチンが石油・天然ガスを外交政策の道具（ときには武器）として使っているため、彼が実権を握っている限りロシアがその輸出への依存度を減らす可能性は低い。ところが、ロシアの既存の油田・天然ガス田の多くは生産のピークを過ぎている。今後も生産を増やしていくには、タイトオイルや北極海の海底油田を採掘できる欧米の進んだ技術が必要だ。だがウクライナ紛争における欧米からの制裁を受け、ロシアがそういった技術を購入する余地は限られてくるので、ロシアとしては生産量を増やすことはおろか、維持することすらできなくなっていく。ロシアのエネルギー生産、そして経済はゆっくりとではあるが、確実に衰退の一途をたどるのだ。足下のロシアは何千億ドルもの外貨準備を抱えており、万が一の準備金としては相当なものだ。だが石油輸出による財政の減収のせいで、年金・社会福祉の支出が減り、不採算企業への支援を縮小したことで雇用も減る。この先、その万が一という事態がたびたび起きるようになる。

ただし、ロシアの衰退はアメリカにとっても、ヨーロッパにとっても、ロシアの近隣諸国にとっても良くないことだ。ロシア経済が悪化していくと、政府に対する不満はモスクワ、サンクトペテルブルクにとどまらず、ロシアの奥地にまで広がっていく。政治的立場が危うくなったプーチンは、再び旧ソ連地域を武力で威嚇することで国民の支持を取り戻そうとするかもしれない。だが、それはロシアと欧米間の争いを、ウクライナだけでなくアメリカの同盟国であるラトビア、エストニア、さらにはポーランドまでをも巻き込んで激化させることになる。

ここに「疑問符アメリカ」の危険がある。アメリカ（そしてヨーロッパ）の制裁によってロシアが暴挙に出る可能性が高くなるとして、アメリカ政府にはその長期的な脅威に対応していく覚悟があるのだろうか。オバマ政権は、強硬な発言と限定的な制裁というすわりの悪い組み合わせで対応しているが、これではアメリカ政府が何をし、何をしないかについて大きな疑問が残る。もしロシアに再び関与し、欧米と協力するインセンティブをロシア政府に与える判断をするのであれば、大統領はそういったメッセージを発信しなければいけない。「頼みを聞いてくれ。さもなければ徐々に、それも周辺的なところで罰を与える」という今の方針ではうまくいかない。

また、もしアメリカの次期大統領がロシアへの建設的な関与は破綻間違いなしと判断すれば、プーチンおよびその後任者はどこでロシアが不動の抵抗に遭遇するのかを知る必要がある。アメリカはNATO加盟国に対する攻撃をアメリカ自身への攻撃として取り扱うという誓約を守るだろうか。もしいつの日か、口実は何であれロシア軍がラトビアに侵攻したら、アメリカ大統領はロシアに対して宣戦布告するだろうか。オバマ大統領は〝する〟とほのめかしているが、実際に言及してはいない(7)。ヨーロッパには知る必要がある。アメリカの兵士、その家族、そして納税者も知る必要がある。あいまいなままにしておくと、いつの日かロシア政府がどこまで〝やり得〟になるかを試そうとするかもしれない。ラトビア国内のロシア系住民が騒ぎを起こすようにそそのかす、ラトビア政府のロシア系住民の扱いに文句を言う、そのロシア系住民を保護すると言ってアメリカ政府がどう反応するか様子を見る、強い反応がなければラトビアに武器を送り込む、そして、それでも強い反応がなければ兵隊を送り込む、という具合に。

ウクライナをロシアが攻撃しても、アメリカが自動的に軍事行動に出ないといけないわけではない。だが、ラトビア、エストニアといったNATO加盟国の場合であれば話は違ってくる。もしアメリカ政府がNATOを通じたラトビアの安全保障に対する誓約を再確認するのであれば、その誓約を守らないといけない。アメリカがNATO条約第5条を守らないとなると、NATOの信用は失墜する。加盟各国の国民の支持が雲散霧消する。そしてロシアもNATOをまともに相手にしなくなる。したがって、アメリカの政策決定者たちがラトビアに対する約束を守ることがアメリカの利益にかなっていないと判断するのであれば、アメリカ政府はヨーロッパ各国の政府に対して、米軍を含まないヨーロッパの集団防衛体制を構築するように呼びかけるべきだ。

ロシアについての疑問は、アメリカとヨーロッパの関係の未来にも直接関係している。ヨーロッパの安全の究極的な保証人であることが、アメリカの長期的利益にかなっているのだろうか。第1章で詳述したとおり、環大西洋における距離感が広がりつつある。アメリカ政府とヨーロッパの同盟諸国は、有能かつ気脈の通じた史上最強の連合としてのポテンシャルを秘めている。第2次世界大戦後の世界秩序の基盤もその連合が構築した。だが、プーチンの次の一手に対する危惧は同じだとしても、ヨーロッパのほうがずっと大きなリスクを抱えている。ロシアの軍事攻撃や経済的報復から失うものが大きいので、その心配も強い。この場合、利害関係の乖離の影響を補うのに、価値観を共有しているだけでは不十分だということになるかもしれない。アメリカにとってもヨーロッパにとっても最悪の結果は、アメリカの大統領の言うこととやることが違ってくるか、その場にならないとアメリカが何をするかしないかを言わないことだ。

アメリカとヨーロッパを隔てる要因はロシアだけではない。中国の消費者へのアクセスをめぐる双方の企業間競争はますます激化しつつあり、そのことが双方の政治リーダー同士の対立へとつながっていく。環大西洋の通商関係は、他のところでも軋みが生じている。２０１４年には連邦検察当局が、顧客がイランおよびスーダンに対するアメリカの制裁を回避する手助けをした嫌疑でフランスの銀行ＢＮＰパリバを訴追し、同行は有罪を認めて罰金89億ドルを支払った。アメリカはクレディ・スイス、ＵＢＳ、バークレイズなどヨーロッパの他の銀行に対しても、脱税や金利操作といった容疑をかけている。(8)

そこにアメリカのスパイ行為に対するヨーロッパの非難が重なって、関係は悪くなる一方だ。アメリカの法令に違反するヨーロッパの銀行を訴追するのを差し控えるべきだというわけではない。環大西洋関係は安全保障上の結びつきより経済取引上の結びつきに依存しやすいので、同盟関係への長期的コミットメントを築いていくには他の分野でもっと深い協力が必要だと言いたいのだ。ＴＴＩＰ実現の優先度を上げることは有用だろう。だが、もしアメリカ政府がそのような諸課題に対してあいまいなメッセージを送っていれば、ヨーロッパはロシアや中国に対する独自の方針を打ち立て、アメリカとの通商上の紛争においてもより対決的な姿勢を取るようになるだろう。

中東についての選択

今から数十年でどこまで中東が混乱するかは、勢力を増すイランと弱体化するサウジアラビアとの競り合い、そしてアメリカの外交政策に対する両国政府の期待によって決まってくる。宗教指導者たちが新世代の国民の信頼を得ようとするイランと、王室の世代交代が進むサウジアラビアとの間での覇権争いが、地域全体で繰り広げられていくことになる。イラクでは、シーア派主導の中央政権と資金豊富なスンニ派イスラム国の、国家および石油の支配権をめぐる長期的な死闘が展開される。シリアでは、イランが支持する政府がイスラム国およびその他サウジアラビアが支持する反政府グループの攻撃に引き続き耐えていく。レバノンでは、イランの意を汲むヒズボラ党が引き続き同国の政治を牽引していく。バーレーンでは、サウジアラビアに後押しされるスンニ派王室が、人口の過半を占めるシーア派からの新たな脅威がないかと毎日国中に目を凝らしている。この闘争は、利害関係が相いれない派閥、部族入り乱れての争いでほとんど統治不能になっているイエメンでも続く。

中東で強まるもう一つの流れは、イスラム主義政治の過激化だ。これは今に始まった問題ではない。一世代前のことだが、アルジェリアの支配政党である民族解放戦線（FLN）が政治改革を求める内外の圧力に負けて複数政党による選挙を認める憲法改正を行った。だが、1991年12月にイスラム救国戦線（FIS）という宗教政党が第1回総選挙に勝利すると、FLNは突然第2回投票を中止して、民主化がばったり止まってしまった。この一連の出来事はイスラム主義の反対勢力を過激化させ、何万人もの死者を出すことになる内戦のきっかけとなった。そしてこのアルジェリアでの流血が、中東の他の地域で起きる騒動の先触れとなったのであった。

2011年に「アラブの春」が到来すると、新たな選挙を通じてエジプトが（そして他のアラブ諸国も）独裁と貧困の時代からより明るく、より開かれた未来へと進んでいけるのではないかという希望が湧いてきた。だが、選挙に勝ったのはムスリム同胞団だった。大統領になったムハンマド・モルシは、自らにほぼ無制限の政治権力を集中させ、宗教法の原則に従った新しい憲法を導入しようとした。これに対して軍部はモルシを排除、投獄し、新たに軍主導の独裁を敷いた。そして宗教政党が地域全体にもたらす長期的脅威を恐れる湾岸王制諸国からは、非常に重要な資金援助がエジプトに流れ込んだ。アルジェリアの場合と同様、いったん開けられたパンドラの箱のふたがあたふたと再び閉じられたのであった。

エジプトのクーデタは、権力と解放は投票箱を通じてではなく、流血によって勝ち取るのだというイスラム過激派の主張を後押しした。もっともエジプトでは、過激派の散発的な攻撃は続くものの、軍事政権が国土に対する支配権をしっかりと確立した。だが、イラク政府にはそのような支配力がない。イラクでは、イランが支持するシーア派主導の中央政権がスンニ派を政治からほぼ排除していたところ、2014年に入って、シリアの内戦で訓練と経験を重ね、サウジアラビアなどの同情的なスンニ派グループから資金供与を受けたイスラム過激派が、守りの手薄な国境を越えてイラク北部一帯の都市部を制圧し、史上最も資金豊富なテロリスト集団として「イスラム国」を名乗った。そしてここにイラン＝サウジアラビア間のライバル関係とイスラム主義政治の過激化が結びついて、流血と動乱、そしてこの先何年も続く紛争を生み出すこととなった。

テロリズムの脅威は中東の他の地域でも高まっている。欧米の都心部で第2の大規模攻撃を敢行できないアルカイダに代わり、新世代の聖戦主義者たちは近場の標的に狙いをつけるようになっている。シリア、イラク以外にも、エジプト、リビア、イエメン、ヨルダンがテロリストたちの攻撃を受けることが予想される。また、西はナイジェリア、マリから、東はイエメン、ソマリアまで、過激派集団からの挑戦が絶えないだろう。そして他の諸国も危険にさらされ続けることになる。だが、以上のことは予想の範囲内だ。

これに対して、そう簡単に答えの出ない疑問もある。イランは域内における影響力をどのように使うだろうか。イランの動きにサウジアラビアはどう対応するだろうか。イランの宗教家たちとサウジアラビアの王室は、変化を求める国内の声にそれぞれどう応えていくだろうか。トルコのレジェップ・タイイップ・エルドアン大統領は、今後とも国内を分極化し、中東、ヨーロッパの双方におけるトルコの影響力を毀損していくのだろうか。それとも経済情勢の悪化やその責任を問う国民の声に押されて、エルドアンと公正発展党は10年前に多くの国民を貧困から脱出させた政策に戻らざるを得なくなるるのだろうか。イスラエル国民とパレスチナ人は、イスラエルの存立を脅かし、パレスチナ人を苛む紛争をついに解決する共通の土台を見出せるリーダーを推戴することができるだろうか。リビアはカオスへと堕ちていくのだろうか。各国政府は様々な態様のイスラム過激主義がもたらす脅威を封じ込められるだろうか。

これらの問いに対する回答は、一つには我々にとってもっと大きな問いである「アメリカは中東において、いかなる役割を果たすべきか」に対する回答によって決まってくる。イスラエルの国民は、アメリカが引き続きゆるぎない友であって、イスラエルの安全保障をいかなる手段を使ってでも守ってくれるのかを知る必要がある。パレスチナ人は、アメリカが公正な仲介者として政治的合意に向けて努力してくれるのかを知る必要がある。イランの国民は、アメリカがイランに関与するつもりなのか無視するつもりなのかを知る必要がある。アラブの春に対するアメリカ政府の支離滅裂で場当たり的な対応の後では、サウジアラビアやエジプトの国民はアメリカが民主化を求める声を支持するのか、安定を守るために政府を支えるのか、それとも自分の運命は自分で決めるようにと両国を放置しておくのか、そしてシリアの国民はアメリカ政府が化学兵器の使用禁止を守らせるのかをそれぞれ知る必要がある。イラク、ナイジェリア、マリ、モロッコ、ヨルダン、リビア、レバノン、イエメン、ケニアなど、北アフリカおよび広義の中東諸国がそれぞれの国内でテロと戦うのにアメリカが助けてくれるのかくれないのか、助けてくれるとしてどのようにしてかを知る必要がある。ヨーロッパ諸国も中国も知る必要がある。なぜなら、もしアメリカが身を引くつもりであれば、双方ともに自ら進み出ることがその長期的な利益にかなっているからだ。

アメリカは今後とも中東の石油に対する依存度を減らしていくことになるが、日本のような同盟国や中国のように世界経済の将来にとって極めて重要な国への石油の流れを守るために、どのコストとリスクをアメリカ政府は引き続き負担していくべきだろうか。アメリカが中東の石油を必要とする度合いは減っても、そこで起きる混乱は、今後もエネルギー価格を動かしていく。それはアメリカ経済にとって直接、間接の脅威をもたらすことになる。

もし聖戦主義者たちがイラク、シリア、ナイジェリア、あるいはソマリアで無辜の民の殺戮を行っていれば、アメリカには介入する道義的責任があるだろうか。この地域で民主主義を守る義務がアメリカにあるだろうか。我々の利害関係と責任はどこから始まってどこで終わるのだ。アメリカの国民は、知る必要がある。我々をリードしていく人々がこうした質問を避けようとするのを許してはならない。なにしろ、いったん選ばれたら彼らが答えを出さなければいけないのだし、彼らの選択が我々の未来を決めるのだ。

東アジアについての選択

アメリカにとって最も難しい選択は、チャンス、リスクともにアメリカにとって最も大きい東アジアに対する方針だ。中国の将来は、この先も何年となくこの地域の最も重要な未知数であり続ける。中国の指導者たちは、中国が輸出を原動力とする貧しい国から安定した、しなやかな中間層を中心とする国へと飛躍する改革を実行しようとしている。だが、もし共産党指導部が改革過程を制御できなくなる、国の将来と共産党の役割について党内エリート間の争いが公然化する、経済の急速な冷え込みで失業者が増大し労働争議がコントロールできなくなるという事態になれば、中国は今より不安定になり、指導者たちはより攻撃的な外交政策によって国民の支持を取り付けようとするだろう。改革という課題の大きさと世界の経済成長にとって中国が持つ意味の大きさを考えると、中国、その近隣諸国、そして世界経済にとってこれ以上に重大な問題はない。

日本、インド、パキスタン、韓国、ベトナム、フィリピン、インドネシアなどのアジア諸国は、中国の台頭とその国内の政治的安定だけでなく、今後のアメリカの意思にどう対応していくかも決めなければいけない。アジア諸国は、中国の威嚇を抑えるためにアメリカが手助けしてくれるのか、それとも自分の安全保障は自分で確保しろと放置されるのかを知る必要がある。また、貿易・投資上の結びつきを強める協定を結ぶために、自分たちにも受け入れ可能な条件を提示する用意がアメリカ政府にあるのかも知りたがっている。我々有権者の票を求める候補者たちは、このようなとても重要な問いに対してどのように答えていくつもりなのかを示さなければならない。

もしアメリカが日本の安全保障について確固たる無制限のコミットメントを維持するのであれば、アメリカ政府としてはそれが中国との紛争につながらないような方法でやらなければいけない。日本の政府および国民に対して、もっと自らの防衛支出を増やし、日本の軍事力が及ぶ範囲を領海のはるか先まで拡大しろと要請すること自体はもっともな話だ。ただしアメリカ政府としては、中国に対する挑発的な日本の態度にはアメリカが無用に支援しないことを双方に対して明示し、この変化が勢いに乗る中国の影響力を抑える意図ではないことを、中国政府に納得してもらわないといけない。

また、仲裁役のアメリカ軍抜きで共存していくことをアジアの大国が学ぶべきだと判断すれば、アメリカ政府はそのことを日本に対してはっきり示し、まったく新しい態勢に移行するための時間的余裕を日本に与えないといけない。もしアメリカ政府が、自国の安全保障に責任を持つことを日本政府に期待するのであれば、身銭を切って必要な防衛力を身につけ、将来の日中関係を再考する必要があることを日本の有権者にはっきり理解させるのだ。もし日本のリーダーたちが他に道はないということを日本の有権者に納得させるのであれば、アメリカの計画があいまいであってはならない。

日本について言えることは韓国についても言える。もし北朝鮮が所詮アジアの問題であってアメリカの問題ではないとアメリカ自身が判断すれば、韓国は防衛に対する考え方を大きく変えないといけない。韓国の選良たちは、新たな課題に対応するためにさらなる財政資金を投入することを納税者に納得させ、中国、日本それぞれとの複雑な関係を仕切り直さないといけない。韓国はまた、北朝鮮が崩壊し、朝鮮半島再統一という高価で複雑な、何年にもわたる過程が始まったときにアメリカが何をするのかを知る必要もある。そこでアメリカが長期的意図をはっきりさせることは助けになる。他方、もしアメリカが韓国との安全保障および経済取引上の関係を深めることを望むのであれば、アメリカの日本および中国との関係上、そのことが承知されるようにはっきりする必要がある。そうすれば北朝鮮が軍事的な誤算を冒す危険は小さくなるし、北朝鮮崩壊後のアジアの安全保障体制におけるアメリカの影響力は大きくなる。

アメリカ政府はまた、インドについてどのように、かつどこまで深く関与すべきか判断すべきだ。

アメリカのリーダーたちは世界最大の民主主義国であるインドについて、その最たるライバルである中国およびパキスタンへの配慮をしつつ関係を改善する最適な方法を長年にわたって議論してきた。もしインドが中国の台頭とパキスタンの政情不安を懸念しているのなら、アメリカ政府はその機に乗じてインド政府との間で政治、経済、安全保障に関する結びつきを強化する。そうなると、何十年にもわたる両国間の不信を克服する長期的コミットメントが必要になる。だが、もしインド、中国、パキスタンがアメリカの関与なしに領土と宗教に関する争いを処理していくことがアメリカにとって最もいいという結論になれば、アメリカ政府のシグナルは明確でなくてはならない。

フィリピンもまた、将来についてのアメリカ政府の明確な意思表明を待っている同盟国の一つだ。近年、南シナ海における主権問題が中国とフィリピンを直接対決の方向に押しやっている。ところが中国はすでにフィリピン最大の貿易相手国の一つとなっており、そのことがずっと足枷になっている。他方フィリピンは、中国および中国経済への過度な依存から脱却すべく、日本と同じく、アメリカとの防衛協力の強化を進め、TPP参加に関心を示している。だが、もしもフィリピンが中国との関係について引き続きヘッジするのであれば、フィリピン政府としては、アメリカが引き続き東アジアにおける長期的な役割を維持していくのか、それともアメリカ政府としては国内の強みを内側から再構築することに集中し、敵も友も自分たちの摩擦は自分たちで処理してもらう時が来たと判断するのかを知る必要がある。

加えて、オバマの大統領の当選はアメリカがインドネシアとの関係を大幅に改善する機会に見えた。

インドネシアは人口2・5億人を超えるダイナミックな複数政党民主主義国だ。オバマが6歳から10歳まで住んだ国であり、2009年にはクリントン国務長官が訪問した。ところが二国関係は可能性のままにとどまっている。インドネシアは一帯の近隣諸国と同様、貿易・投資上の対中関係を深めていくことが中国政府の善意に過度に依存する結果とならないよう、アメリカ政府との政治、経済、安全保障上の結びつきを強めたがっている。だから、もしこのチャンスを生かしたいのであれば、アメリカ政府はより明確なコミットメントをすべきだし、もしアメリカの安全保障と繁栄がアジアから国内へとピボットすることによってもっともよく増進されると判断するのであれば、そのことをインドネシア政府に知らせてあげるべきだ。

シナリオプランニング

最近の外交政策上の誤りと、将来の大統領を待ち受けているかもしれない選択肢をいくつか検討してみよう。

シナリオ①……2011年、エジプトの大統領として30年間にわたってアメリカのゆるぎない友邦だったホスニ・ムバラクの退陣を求め、カイロの街があふれかえった。このデモは、オバマ政権の不意を突いた。どう対応すべきだったか。民主主義を守ることはアメリカの核心的価値観の一つだ。どうして民主主義を求める国民ではなく、独裁者を支持できるのか。だが、危険地帯で治安を守り、アラブ諸国とイスラエルの対立を和らげてきた頼りになる味方を支えることは、アメリカにとって有益だ。特に急激な変化がエジプト全体の混乱を招くかもしれないとあっては、なおさらだ。それとも、もともとアメリカ自身の問題ではなかったのだろうか。ホワイトハウスでの激しい議論の末、オバマは民主主義を求めてデモを行う民衆に軍配を上げた。

1年後、ムスリム同胞団のムハンマド・モルシが、民主的に選ばれた初のエジプト大統領になった。だがモルシが非常大権を求め、それに対する抗議を退ける戒厳令を敷こうとしたのを見た軍部は彼を逮捕した。そこでオバマ政権は再び選択を迫られた。軍部の行動をクーデタだとして非難すべきか。ただしその場合には、アメリカの法に従えば、オバマとしては13億ドルに上るエジプトへの援助を停止せざるを得ない。それでは軍部のほうに付くか。それとも、エジプトの国内政治はアメリカ政府に関係ないことを明確にするべきか。ケリー国務長官は、軍部が民選の大統領を排除することによって「民主主義を回復」していると論じた[9]。オバマ政権はその後も、そういう混乱したメッセージを発信し続けた。

そこに一つ、石油という要素を加えてみよう。数年後、同じようなことがサウジアラビアで起こったとする（あり得ない話だろうか。だが、ベルリンの壁の崩壊も、ソ連の崩壊も、世界的な金融危機も、アラブの春も、ユーロ圏危機も、いずれもありそうになかった。実際に起きるまでは）。国民の不満が抗議と弾圧の悪循環を生み、王国内の混乱が危険なレベルまで高まる。そこでアメリカの大統領はどのように対応すべきか。「独立するアメリカ」だと、騒ぎに巻き込まれないよう距離を置くかもしれない。アメリカ政府が解決できない問題に直接関わるのは避けたほうがいい。サウジの人々の国だ、自分の問題は自分で解決してもらおうというわけだ。「マネーボール・アメリカ」だと、勝者がはっきりするまでどちらにも付かないという態度を取るかもしれない。実行に移す力がないのに原理原則にこだわるのは控えて、サウジアラビアの次の政権に支持を申し入れればいいというわけだ。「必要不可欠なアメリカ」だと、当面の結果がどうなろうと、民主主義および法の支配の側に立つべきだということになるかもしれない。もし難航したとたんに原理原則を放棄すれば、アメリカが何を言おうと何を考えようと誰も相手にしなくなる。だが、一番まずいのは選択しないことであって、それは我々の利益にとっても価値観にとってもためにならない。

シナリオ②……2014年にロシアがウクライナを揺さぶり始めたとき、オバマ政権はまたしても望まない争いに引きずり込まれた。ロシアが国際条約およびウクライナの主権を侵していることが覆いようもなく明白になっていくと、オバマ大統領は、アメリカは軍事介入しないが、プーチンが引き下がらないとわかっていたはずの制裁を科すことを明らかにした。つまり勝つつもりのない戦いにアメリカはコミットしたのだった。

そこにもっと重要な経済大国という要素を加えてみよう。2018年か2022年に中国とベトナムが何かのはずみで戦争を始めてしまい、中国がベトナムに侵攻したとしよう。アメリカ大統領はどのように反応すべきか。「独立するアメリカ」でいくとすれば「懸念」を表明するだけで、それ以上何もしないかもしれない。常識で考えて中国が引き下がるはずがないし、中国を孤立させることもできるはずがない。中国とベトナムには自らの選択の結果を甘受してもらおう。この仮想戦争にアメリカ政府が決定的な役割を果たす方法は考えにくいし、そういった役割を果たす用意がないのであれば、両国間の戦争がアメリカの関心事ではないことをはっきりさせるべきだ。

大統領が「マネーボール」でいくとすれば、一方に味方することは避けるが、紛争の恐怖を利用して、中国の近隣諸国と軍事的・経済的結びつきを強化するかもしれない。中国とベトナムの間に割って入ることはしないが、その争いをより長期的なアメリカの利益になるように利用するというわけだ。

「必要不可欠なアメリカ」でいくとすれば、大統領は中国の行動に対して強硬な姿勢で臨むかもしれない。アメリカが中国をベトナムから排除することはできないかもしれないが、露骨な軍事攻撃に対して強く発言する。本気であることを示すために中国に経済上その他のツケを払わせない限り、アメリカが正義の側に立つという主張を大統領が取り下げたことになる。もしアメリカしか科する意志と能力がないコストを払わないのであれば、先行きそういった侵略行為が多く起きることになる。それは中国に限った話ではない。

最悪の選択は何もせず、だんまりを決め込むことだ。中国内の勢力で、東アジアにおいて軍事的により強硬な方針を望む者にとって、その実行が報いられたことになる。中国の近隣諸国はアメリカ政府には助ける能力か意志が欠けていると判断し、アメリカは地域全体に対する影響力を失う。そしてアメリカは、いかなる価値観のためにも動かなかったことになる。

シナリオ③……２０１２年、シリアにおいて、四面楚歌のアサド大統領が反政府軍に対して化学兵器を使用した、もしくはその準備をしているという情報が明るみに出た。オバマ大統領は次のように反応した。

我々がアサド政権のみならず、すべての現地関係者に対して極めて明確にしているのは、大量化学兵器の拡散または使用は、我々にとってのレッドラインだということです。そういう事態になれば私の計算は変わります。

そこにアサドが化学兵器を使った信憑性のある証拠が明らかになった。だがオバマは、ロシアの仲介でアサドが化学兵器と生物兵器の在庫を放棄するという取引をする以上のことは何もしなかった。3週間後に「レッドライン」について追及されたオバマは、自分が述べたレッドラインは自分のものではないと抗弁した。

そもそも、レッドラインを設定したのは私ではありません、世界全体が設定したのです。人類の98％を代表する各国政府が、化学兵器の使用は忌むべきことであるとし、戦時であっても使用することを禁止する条約を結んだのです。(10)

この一件で、オバマは自分の信用、そしてアメリカの信用を失墜させたのだった。

そこに核兵器という要素を加えてみよう。いつの日か、核保有国であるパキスタンが騒擾状態になり、再び国軍が民選政権を排除し、戒厳令を敷く。民主主義を要求するデモ隊とイスラム過激派による都市部を狙ったテロ攻撃が、街に混乱をもたらしている。新たに誕生した軍事政権は両者に対して激しい弾圧を行う。パキスタンの安定および核兵器・核物質の安全が危ぶまれる。さて、アメリカの大統領はどのように対応すべきか。

「独立するアメリカ」の大統領は、アメリカは単なる傍観者であって、どちらかの肩を持つことは、民間だろうが軍だろうが、パキスタンの将来にとって有望な人々との関係をいっそう悪化させるだけだということを認めるかもしれない。「マネーボール・アメリカ」の大統領は、共通の敵であるイスラム過激派と戦うにあたり、新軍事政権を言葉の上でも軍事的にも支援すべく、早急に動くかもしれない。そして「必要不可欠なアメリカ」の大統領は、軍事政権が民選政権に戻さない限り、アメリカはいっさいの軍事・経済援助を停止すると言って、レッドラインを引くかもしれない。そしてその場合は、何がどうなろうとも大統領はその誓約を遵守しないといけない。聖戦主義者たちを弾圧することは、当面の問題を解決することになっても、パキスタンを何十年にもわたって苦しめてきた問題の解決にはならない。長期的な解決をもたらすのは戒厳令ではなく、法の支配だ。最悪なのは、実行できないようなレッドラインを引くか、民間の抗議行動に対する言葉だけの支援を行い、それ以上は何もしないことだ。そんなことをしたら抗議する側も国軍も離反し、しかも両者を脅かすテロリストたちの挑戦に対して何もしないことになる。

グローバル・リーダーシップは必要か

最後に、アメリカの国民が答えなければならない根本的な問いがある。集団安全保障、気候変動、通商、危険な兵器の拡散、サイバー安全保障、テロリズムといった、国境を越える課題についてアメリカがリードする必要があるのだろうか。つまり、アメリカのリーダーシップがあったほうが、世の中はうまく回るだろうか。アメリカ自身にとってはどうか。それとも、どこか他がリードする余地をアメリカが作るべき時が来ているのだろうか。いずれにせよ、世界がそれをうやむやにしていれば、問題は増えるだけだ。

これらの問いに答える手掛かりとして、もう一つ別の問いについて考えてみよう。グローバルな問題にはグローバルな解決策が必要なのか。この問いは、アメリカ合衆国の建国にさかのぼる議論の再現だ。すなわち、首都ワシントンで対応するのが最も望ましいアメリカ全体に共通する問題があるのか、それとも各州が独自の解決策を講じるほうがいいのか。それぞれが問題解決に当たるほうが、各州が様々な政策のアイデアを試す実験室になるし、各地の価値観を反映する答えが出せるのでいいとする人々がいる。ただし、州境をまたぐ共通の課題は常に存在し、そういった課題は全体で合意し、実施するという回答によってしか解決できないという反論もある。

アメリカ国内においては、これは50の州政府とワシントンの連邦政府の間における決定権の適正な配分に関する議論で、アメリカの読者の皆さんは中央・地方のどちらがリーダーシップを持つべきか、おそらくすでに意見があるだろう。だが世界全体となると、国レベルの権威と……何との間の選択になるのだろうか。各国の市民の多くがどんな形であれグローバルな中央集権的リーダーシップを望むとは考えにくい。だが、その代わりとなるものを提供するのにアメリカはいかなる役割を果たすべきか。今の世界において、一国でどこまで集団的な国際安全保障のコストを負担できるのだろうか。

アメリカはこの挑戦を受けて立つべきだろうか。アメリカ政府は優先順位の高い問題について「有志連合」を率いるべきだろうか。中途半端な措置でも、ないよりはましだろうか。それとも、そのような責任はアメリカの将来を脅かすほど危険で高価なものなのだろうか。気候変動問題に包括的な国際合意が必要だろうか。それとも、そんな合意ができると考えるのは愚かなことなのか。個々の国がこの脅威に対応するために独自にできることがあるだろうか。核兵器の拡散を個々の国が防止できるだろうか、それとも広範にわたる国際的対応が必要なのだろうか。テロ攻撃やサイバー攻撃のリスクを減らすのに国際条約は効き目があるだろうか、それともそういう問題は各国政府しか対応できないのだろうか。我々をリードしようという人々がこうした問題についてどう考え、なぜそう考えるのかを告げることなく我々の1票を求めるのを許してはならない。

セオドア・ルーズベルト大統領は「およそ決断を要するときに、あなたにできる最もいいことは正しいことであり、その次にいいことは間違ったことであり、最もいけないのは何もしないことだ(11)」と言ったと伝えられている。私も賛成だ。だからといって外交政策上の最も大きな過ちが何もしないことにあるというわけではない。戦争をしないこと、協定に調印しないこと、妥協をしないことが、ときには最善である場合もある。そうではなく、世界におけるアメリカの将来の役割を決める選択をすべきであって、最悪なのは選択をしないことだと言いたいのだ。リードすると約束しながらいざとなると姿を見せないのでは、我々にとっても世界にとっても良くない。また、どういう場合に立場を堅持し、どういう場合にしないかということについて、あえて敵、味方ともに見当がつかないようにしておくことは、我々にとっても世界にとっても危険だ。どの外交政策が世界にとって最もいいのか。どの外交政策がアメリカにとって最もいいのか。

***

選択の時が来ている。

終章

意図するとしないとにかかわらず、
リーダーたる者は範を垂れることによってリードする
——ジョン・クインシー・アダムズ

この本を書いている目的は、アメリカがいかなるスーパーパワーであるべきかを判断していただく手掛かりを提供することにある。そこで3つの選択肢のそれぞれについて、私の能力の範囲内で、できるだけ説得力のある議論を展開した。また、今後ともアドリブの外交政策を続けていくことはできないという判断の下に、どれも選ばないということが最悪の選択だとも論じた。ますます危険になっていくこの世界で一貫しないやり方をとるのは、味方もライバル国も、そしてアメリカ国民をも混乱させている。

「必要不可欠なアメリカ」

ここまで読んでいただいた以上、私自身がどう考えているかをお伝えすべきだろう。本著を書き始めたときには、自分自身の質問に対してどう答えるべきか自信がなかった。それを知るためにこそ書くという意味もあった。そして議論を展開しながら、各選択肢の感情に訴える力、長所と短所をひしひしと感じた。

「必要不可欠なアメリカ」に訴求力があるのは、我々が住む危険な世界で起こる数多の紛争を抑えられる、もしくはそんなことを試みようとするのは、アメリカ以外にはあり得ないからだ。現在のグローバル・リーダーシップの欠如はあまりにも多くの混乱を生み出していく。そのため、現行システムから最も大きな利益を受けている国々が、その利益を守るために協力せざるを得なくなると私は考えている。そして我が国が新たな国際秩序の形成にしかるべき寄与をし、役割を果たしていくことを願う。また、民主主義、法の支配、言論の自由、人権の尊重は、限界はあろうとも、世界中の人々に一人ひとりのポテンシャルを発揮する力を与えてくれると信じる。

「必要不可欠なアメリカ」で最も際立っている欠点は、政治リーダーや選挙候補が依然として美辞麗句を並べ立ててこの考えを論ずるが、国民がそれを望んでいないことだ。これは世論調査を見れば明らかだ。国内で何の役に立つのかもわかない目的を達成したり、先方が望まないかもしれない価値観を押しつけたりするために、アメリカ人の命を危険にさらし、多額の資金を費やすような公約を国民は望んでいない。ますます多くの国々がアメリカの要望を拒否し、要求に抵抗する力をつけていくにしたがって、グローバル・リーダーシップを発揮することが国益にかなっていると国民を納得させるのはいっそう難しくなる。ここ四半世紀の国造りや度重なる失敗があってはなおさらだ。

もう一つ、世界中の多くの人々がアメリカをふさわしいリーダーだと思っていない、という現実がある。彼らは、自分たちの国や生活へのアメリカの介入を減らしてほしいと思っているのだ。アメリカのテクノロジー、ソーシャルメディア、音楽、映画、そしてファッションは好きだ。だが、自分たちがどのように統治されるべきか、どこの国と仲良くすればいいか、そして自分たちのお金をどう管理すればいいかについては、多くのアメリカ人同様、アメリカ政府の意図などあまり気にしていないのだ。

紛争の抑制、各国政府がテロリズムと戦うための情報、そして安定的な国際金融システムといった国際公共財をアメリカが提供していることを、いったい世界のどれだけの人が知っているだろうか。逆にどれだけの人がアメリカのことを、自分の利益しか考えない傲慢で偽善的なやつだと思っているだろうか。実際には、アメリカの提供するリーダーシップが近年大きく変わってきているというわけではないが、冷戦が終了して以来、そのリーダーシップの価値に対する外国の評価が変わってきているのである。

自分ではこう評価されてしかるべきだと思っても、他人はそう評価してくれない。だが、それに文句を言えた義理だろうか。2000年の大統領選挙がパンチ式投票機の集計をめぐる法廷闘争で決せられた後では、自由かつ公正な選挙についての我々の訓示にあきれて見せたところで彼らが間違っていると言えるだろうか。拷問に関する三百代言的な定義（そして再定義）を提供し、拷問するとわかっている国への外国人捕虜の引き渡しを言い抜け、グアンタナモ基地の収容所を引き続き運用することを正当化する我々の人権についてのお説教など耳を傾けなくてもいいではないか。他国の政府が重視する問題について頻繁に無視するのに、我々の外交政策については異論があるのを我慢して支持してくれることを期待できるだろうか。アフガニスタンで我々が率いた国際貢献の結果として、同盟諸国はより安全でより豊かになっただろうか。世界経済に今なお痛みを残している金融危機の原因の一端は、アメリカの立法者たちが国内の金融システムを適切に規制しなかったことにあったのではないか。我々の友人たちは、我々が電話やメールを傍受している事実を無視すべきなのだろうか。

こうした疑問に対して、うまい答えがあるかもしれないが、諸外国の国民や政治家の多くがその答えに納得しなければ、何の意味があるというのだろう。

それに、ワシントンにおける政治的泥試合と、それがアメリカの国際的評判に与える影響がある。何百万もの国民からバカだとか邪悪だと公然と罵られている大統領を、どうして世界が尊敬できようか。すべてが密接につながっている今の世界では、セックス・スキャンダルをきっかけとするビル・クリントンの弾劾裁判、ジョージ・W・ブッシュの無謀な愚か者としての戯画化、そしてバラク・オバマが回教徒で社会主義者のペテン師だという言いがかりは、アメリカの国民がもはや自らの政治について他がどう思おうがお構いなしになっており、およそアメリカの大統領というものは、長持ちする外交政策の実行に必要な国民の支持を得られないということを世界に告げているのだ。

国辱は、アメリカにとって新しい現象ではない。ジョン・F・ケネディ、ロバート・ケネディとマーティン・ルーサー・キングの暗殺、人種差別や市民権をめぐる闘い、ベトナムでのソンミ村虐殺事件、サイゴンからの退却、ウォーターゲート事件、ガソリン欠品、スリーマイル島原発事故、イラン・コントラ事件、そしてグレナダおよびパナマ侵攻は、いずれもそれ相応の国際的批判を呼んだ。ただし、そのいずれも冷戦中の出来事だった。そしてアメリカかソ連のいずれかを選ぶとなると、世界の大多数の人々はアメリカに成功してもらう必要があった。だが、今は違う。

今の我々は、自分たちを唯一の選択肢、勝利者、模範、「必要不可欠な国民」と自負している。しかし合衆国憲法は、大統領が意図するままに最高司令官として行動することを制限している（もっとも、そうした制約の重要な諸要素を無視した大統領たちもいたが）。そしてクリントン、ブッシュ、オバマの誤った判断とはそれほど関係のないところで、他国からほしいものを得るアメリカの力が低下しつつあることが、次期大統領の力をいっそう制限していくことになる。

以上の理由から、どれほど自分たちの価値観が最も優れており、世界がそのリーダーシップに従うべきだと強い確信を持っていようとも、アメリカが世界の平和と安全にとって依然として必要不可欠だと主張するのは困難だ。これは敗北主義ではない、現実を語っているだけのことだ。誰も付いてこないのに、リードすることはできない。

私は「必要不可欠」という考え方の下で育ったし、却下するのは容易でない。第5章を書きながらその議論に惹かれたのはもちろんだ。そして第2次世界大戦が終わった時点では、それが正しい方針だった。戦前に近い実力が残っている大国はアメリカだけだった。国際秩序は完全に混乱し、一貫したビジョンを打ち出してリーダーシップを発揮できるのは、アメリカしかなかった。だが、その後の世界の変化を無視することはできない。アメリカが1945年、1970年、いや1990年に果たした役割でさえも、2020年には果たすことができないのである。

「マネーボール・アメリカ」

こうした「必要不可欠なアメリカ」の短所の裏を返せば、マネーボールの考え方がとても魅力的に感じられる。マネーボール外交政策は、優先順位を設定してそれを守っていくことによって、アメリカ政府が政治的、財政的に維持可能な計画に基づいて、限られた手段を最も重要な諸目的を達成するために使うことを可能にする。より少ないものでより多くのことを実現する外交政策を支持しても選挙キャンペーンで拍手喝采を呼ぶことはないが、思慮分別とコモンセンスというアメリカ最良の伝統を体現している。リーダーたちにはもっと損得を考えるように要請しよう。国家は会社と違うし、大統領の職務は単なるCEOよりずっと重い。とはいうものの、不愉快な（しかも高くつくことになるかもしれない）想定外に満ちた世の中にあっては、アメリカ政府も内外の最優良企業にアイデアやインスピレーションを求めるべきなのかもしれない。

会社はどのようにして成功するのか。どのようにして社員や株主に利益をもたらすのか。それは優先順位を設定して、難しい選択を行うことによって実現するのだ。より強力かつ効率的になるために適応していく。イノベーションを行うのだ。長期的に最も低いコストで最善の結果を実現するために業務に柔軟性を織り込む。生き延び、繁栄していくために競争相手、そして絶えず変化する事業環境を懸命に理解しようとする。そして共通の価値観ではなく、共通のバリューを追求することでパートナーシップを築いていく。

アメリカの外交政策の立案者も同じことができる。とりわけマネーボール外交政策は、今もこれから先も、世界で最も重要なパートナーとなりうる中国との関係に、アメリカ政府がかつてなく集中することを可能にする。急速に変化する中国は、アメリカの未来にとって最大のチャンスであり、最大の脅威なのだ。なぜなら、中国が世界最大の経済大国になる日もそう遠くなく、両国を結びつける深甚な経済的相互依存関係が存在する一方で、中国がどういう国になっていくかはたった5年先ですらわからないのだ。

中国が民主化するのは、中国の国民自身がそれ以外を容認しなくなったときだ。それを理解するだけの分別が我々にあれば、中国の価値体系を変えようという自滅的な試みはやめて、両国の国民を守り、力づけることになる未曾有の規模の貿易・投資を作り出していくべきだ。もしエネルギー生産に関する共通の知恵と相互投資に基づいたイノベーションへの共通アプローチを形成する叡智が我々にあれば、世界の2大エネルギー消費国が中東の混乱に対する弱みに終止符を打つことができる。そして両国の政府間に真の信頼関係を築くことができれば、アメリカ政府としては世界で最も経済的に期待できる東アジアにおける紛争リスクを抑えることになる。

このパートナーシップを構築するには、日本のような同盟国やインドのような同盟国の可能性を持つ国との関係について、難しい選択を迫られる。また、中東においては、イスラエルの安全を直接守ることについて、将来に向けての約束を限定することも含めて直接的な関わりを減らしていく勇気を持つことが必要になる。この方針は、中国国内の圧力や世界観をよりきめ細やかに、より深く理解するとともに、外交政策に対する道徳的な発想を捨てる勇気を持つことも必要とする。

だが、マネーボール外交政策には重大な欠陥がある。すなわち、仮にアメリカの外交政策の成功が政府の知見と大統領の堅固な意志だけにかかるとしても、衝撃と激震に満ちた今の世界においては、わずかな数の大きな賭けしかしないというのはあまり意味がないのだ。特に、米中のパートナーシップの成否にはアメリカ政府の判断より中国政府の判断のほうがずっとものを言うことになる。それを認める謙虚さを持つべきだ。アメリカも絶えず変化しているが、その漸進な進化など、今の中国が抱えている様々なリスクに比べたらものではない。中国の今の指導者たちは変化を生き延びられるだろうか。支配者としての共産党の存続が危ういと考えるようになったとき、彼らはどういう行動に出るだろうか。中国の指導者たちは、国家の命運がかかっていた1989年春、天安門広場を舞台に行われた重大な決断を覚えている。再び同じようなことが起きれば、その帰趨が世界に及ぼす影響ははるかに大きなものになる。そのときアメリカの大統領は再び傍観者にとどまり、外交政策上の最大の賭けがアメリカにとって高くつくことになるかもしれないのだ。

だが、マネーボール外交政策の最大の問題は、外国の政府や国民の中には特別な超大国としての振る舞いを改めて普通の国らしく振る舞うアメリカを歓迎する向きもあるかもしれないが、本国ではそんな冷血な外交政策は支持されないことだ。アメリカの国民は大統領を選ぶとき、依然としてテクノクラートより共和党か民主党の政治家を好む。そして国民のほとんどが、アメリカを特別な国だといまだに信じている。たとえどこが特別なのか、どうやってその特別さを守っていくのかに関して意見が違っても。他国の人々の暮らしを再建するためにアメリカの青年たちの命を危険にさらし、苦労して稼いだ金を費やしたくはないが、「価値観よりバリュー」という考え方はアメリカ人にとって自分および自国の理想像に背馳《はいち》するのだ。

アメリカが他のどの国とも変わりないということはない。それは単に合衆国憲法の核心にある啓蒙思想の価値観が、より崇高な使命に奉仕することを求めているからだけではない。アメリカがマネーボールをしないのは、アメリカがオークランド・アスレチックスとは違うからだ。資金豊富な強豪チームと競争するためにルールを変えてしまう弱者ではない。アメリカはニューヨーク・ヤンキースなのであって、その証拠に優勝旗がたんとある。アメリカの国民は世界を支配できないことはわかっているが、その世界において、たとえ願望でしかないとしても、特別な地位を占めていると信じているのだ。*

＊著者は、骨の髄までボストン・レッドソックスのファンであり、これからもずっとボストン・レッドソックスのファンであることを明らかにしておきたい。とはいうものの、この場においてはヤンキースのほうがその輝かしい歴史ゆえに例えとしてよりふさわしいことも理解している。

私の選択

以上のことから私は「独立するアメリカ」を選択する。それが我が国にとって最善のシナリオに最も近い。アメリカが世界の中で特別な役割を果たすことは、この先いっそう難しくなっていく。だからこそ、アメリカの国内を特別な模範とすることがとりわけ重要になる。要するに、アメリカ国民が世界に対する自分たちの真価を定義し直すべき時が来ていると私は考える。

どんな選択にもコストはつきものだ。将来の大統領にとって国内のタカ派や国外の友邦が新たな国外の紛争に巻き込もうとたびたび強い圧力をかけてくるのに耐えるのは容易ではない。それが同盟国、伝統的ライバル国、メディアの話題になる残虐行為、あるいはその組み合わせであればなおさらだ。アメリカ政府が国内の優先課題に集中すれば、日本、イスラエル、イギリスのような同盟国との関係をかなり損なうだろう。中国の指導者たちが行う諸決定に対する現在の限られた影響力さえもある程度失うことになる。

だが、アメリカが今後進む道として、私が賢明だと考える道に最も近いのは「独立するアメリカ」だ。その理由の一つは、アメリカのリーダーたちが口先だけでなく本気で合衆国憲法に忠実であれば、高くつく過ちがずっと減ると考えるからだ。建国の父たちは、戦争か平和かという問題を大統領1人の手にゆだねるつもりはなかった。あまりにも多くの命と、金と、利益がかかっているからだ。連邦議会が我々の安全と自由の保証人であって、大統領たる者はそういった問題について議会の権限を尊重せねばならない。

また、選良たちは国民の強力かつ永続的な支持を得られる外交政策を構築すべきだと私は考える。歴史の中の現時点において、アメリカの国民は関心のない国や問題について高くつく介入を支持しなくなっており、多くの世論調査に裏付けられるこのトレンドが短期的なものに終わるというまともな証拠はない。それは単に、自分よりも自分の子供のほうが豊かな生活ができるということを、あまりにも多くのアメリカ人が信じなくなっているという歴史的な世論の変化があったからだけではない(1)。より意志が固く、より洞察力が鋭く、より多くの資金を有するからといって、世界を我々が望むように作り直す助けにはならないと、多くのアメリカ人が受け入れているからでもある。これだけ多くの国の政府がアメリカの圧力を軽く受け流せる世界になっては、唯一のスーパーパワーといえども常に思うとおりにはならないのだ。

第4章で、ベトナムからアメリカの国民がどういう教訓を学んだかを私は問うた。そこで、またその後もイラクおよびアフガニスタンで学ぶべきだった最も重要な教訓は、たとえどんなに自分が強力であっても、結果について自分よりはるかに強い関心を持っている敵を打ち負かすのは難しいというものだ。ロシア政府のほうが我々よりウクライナに強い関心を持っており、それは今後も変わらない。それなのになぜ、ウクライナをめぐってロシアとの紛争に迷い込んでしまったのか。ヨーロッパ諸国はいつまでもアメリカの後について来てはくれない。しかも我々は、ロシアを中国のほうへ追いやっている。さらに、ロシア政府は中東でアメリカの利益を害する手立てを見出していくことになる。ロシアは、孤立させるにはあまりにも大きすぎる。しかもそれは新たな冷戦ではない。アメリカの国民はどうでもいいと思っている。では、どうしてこんなケンカを買って出たのか。原理原則か何かを守るためか。「実力を誇示する」、つまり言葉は悪いが自分たちがいかにタフかというところを世界に見せつけたかったからか。我々は何もロシアを憎んだり恐れたりしているわけではない。アメリカ政府がある1人のロシア人に対して怒っているだけのことなのだ。

中東では、どうしてイスラエル国民とパレスチナ人の双方が望まない政治的合意を押し続けるのか。どうして民主主義、自由および人権を守ると主張しながら、独裁者たちを擁護するのか。イスラム国とは引き続き対決していくのか、直接脅威にさらされている地元の諸勢力に任せるのか、それとも皆を喜ばせようと中途半端に手を出し、後々まで残る成果はほとんどないという失敗を犯すのか。もしそういう国々に取り残された無辜の民のことを思うのであれば、難民として受け入れればいい。「来るべし、家なき者よ、我が元に、嵐を逃れ、黄金の扉の傍に、灯を我は掲げぬ！」*これはアメリカの原理原則の一つであって、誇りとしていい。ところが、アメリカ政府が発信するメッセージは「こっちのルールに従え、さもなければ懲罰を加えるぞ」というものだ。どうして我々の価値観がかくも狭く、私たちが子供だったときに愛するよう教わったアメリカからかくも遠く隔たってしまったのだろうか。

今後10年間、より多くの動揺と紛争があり、それは中国やその周辺で特に目立つだろう。中国の指導者たちがどう決断するかが、我々すべてに影響してくる。そしてその中国は、より開かれた社会を形成するかもしれないし、しないかもしれない。共通の利益のためにアメリカと協力していくかもしれないし、しないかもしれない。日本との紛争を回避するかもしれないし、しないかもしれない。いまだ発展途上にあるこの巨大な国を待ち受けている不確実性を考えると、先の疑問に対する中国の決断は、アメリカ政府のいかなる決断よりも明日の世界を左右するものになる。アメリカの影響力は、アメリカのリーダーたちが公言するところよりずっと小さいのだ。

我が国の真の可能性は、国民にとっても世界にとっても、どこまで模範となることによってリードできるかにかかっている。「必要不可欠なアメリカ」を主張することは、周囲で起こっている変化を無視することになる。「マネーボール・アメリカ」を選択することは、変化に対応するために価値観を犠牲にすることになる。だが「独立するアメリカ」に賛同することは、その価値観のために新しい、大胆な目的を設定することになる。民主主義は過程として存在するのだ。他国の市民を民主化に向けて声を上げさせる最もいい方法は、アメリカ国内で今より効果的に民主主義を機能させることだ。世界に向けて民主主義が最も優れていると言うだけではだめだ。実際にやって見せないといけない。進歩には常に賢明な妥協が必要だが、アメリカのリーダーたちが議会におけるつまらない党派争いを乗り越えてそれができることを身をもって示すべきなのだ。

＊自由の女神像の台座に刻まれて長く後世に伝わることになったエマ・ラザラスのソネット「新たなコロッサス」

他人の問題に札束を投じるのではなく、アメリカの将来にとって決定的に重要な、強力かつしなやかな経済を構築していくために、教育にもっと多くの資金をより賢明に使い、インフラを再建し、復員軍人や助けを必要とする人々の世話をし、アメリカ人の手元に残る所得をもっと増やそう。法外な金のかかるスーパーヒーロー外交をやめれば、こうしたことすべてが可能になる。アメリカの実力、楽観性、ダイナミズム、開放性、包容力、そしてイノベーション精神を我々の世界に対するメッセージにしよう。この選択は、選良および有権者が、共和、民主、独立系の別を問わず大事だと言っている原理原則を体現している。失敗するには重大すぎると言わしめるアメリカを築いていこうではないか。

これらの価値観は孤立主義ではない。価値あるもの、特にテクノロジーやエネルギー、食料を引き続き輸出していくべきだ。自分や家族のために、より良い生活を築くためにアメリカに来たがっている外国の人々を歓迎すべきだ。そうやってこそ、恒久的な力の源泉である世界初の真にグローバルな労働人口が生まれるのだ。引き続き、強く安定した通貨を世界に提供していくこともできる。しかし、国外で政治的にまたは（特に）軍事的に介入していくことには極めて高いハードルを設定し、それを遵守せねばならない。ここ25年間、我々はあたかも世界の中でアメリカが強くなりつつあるかのように振る舞ってきた。だがそれは違う。我々の外交政策はそのことを反映しないといけない。

重要な国際協定を一夜にして放棄するわけにはいかない。アメリカの同盟諸国には、自らの安全保障にもっと責任を持つ国に移行するための時間が必要だ。とはいえ、古くからのパートナーたちを自立させるには、今後は主に模範を示すことによってリードしていくことをアメリカ政府が明々白々に伝えるしかない。同盟諸国は自己中心的ではない。合理的なだけだ。アメリカ政府が金を使い、リスクを背負ってくれるならば、どうして自分たちがそうしないといけないのだ。特にドイツと日本は、自分自身の安全保障に責任を持てる豊かな国だ。両国の政府関係者もそうしたいと公言している。もしアメリカが、将来は役割を縮小させていくことをはっきりさせれば、現状に満足しているそれぞれの国民は目を覚ますだろう。そして、アメリカの国家安全保障や経済力にほとんど影響のない紛争に介入するという圧力ないし誘惑には、それを絶えず退けていくことによってアメリカのリーダーたちが本気であることを証明していかないといけない。いつの日か、国民や国外からアメリカのリーダーシップを求める声が高まるかもしれない。だがそんな日は、今のところ視野に入ってはいない。

第3章「独立するアメリカ」で説明したシナリオにおいて、私が強く反対する点が一つある。アメリカの将来についてこの立場を表明する多くの人々の意見を幅広く捉えるために、広く信奉されている貿易に対する懐疑的な見方を記述したが、これは私自身賛同するところではない。私は、貿易に対する前向きな考え方が、スーパーヒーロー外交から独立を宣言することと矛盾するとは思わない。むしろ、もはやアメリカの軍事力に頼ることができなくなった同盟関係が引き続き力を持つには、貿易がとても重要だ。貿易が本当に雇用を奪っているだろうか。格差の拡大、賃金水準の停滞、そして雇用の喪失の原因として、必然的な技術的変化がアウトソーシングと同じくらい大きな原因だとする説得力のある証拠が存在する。(2) たしかに、最近の通商協定の中には、約束どおりの便益が広く行きわたらなかったものもある。だからあれだけ多くの国民が新たな協定に反対しているのだ。だが、貿易の便益がわかり、実感できるようになれば、市井の人々も支持するようになる。

＊＊＊

本著の目的はあなたの選択にある。ここまで読んでこられたあなたには、自分がどう考え、またなぜそう考えるのか、もっとはっきりと理解していただけるようになったことを期待している。アメリカの将来についての議論は急を要するのであり、本著がそのきっかけになれば幸いである。また、複雑な課題には簡単に答えられないことも本著を通じて理解いただけただろう。それは自明のことのように聞こえるかもしれないが、今のアメリカ国民が見聞きし、読むもののあまりにも多くが、特定の議論が他のすべての議論より優れており、賛同しない者のモラルを疑うべきだと思わせるように作られている。そして右であれ左であれ、そのような独善的に表明された硬直的な意見が我が国に大きな害を与えている。

リベラル派は、アメリカのすべての問題について政府主導の解決方法があると信じているように見えることが多すぎる。保守派は保守派で、主としてムラ仲間への忠誠心とでもいうべき視点に立った議論しか持ち出さない。選択は必要だが、自分の優れた議論にも欠点はあり、意見が違う人々にも正当な論点があることを認める勇気を持つべきだ。我々のリーダーたちに、明確ですっきりした選択肢が与えられることはめったにない。「はじめに」で示した10の質問を振り返っていただきたい。あなたの回答が「必要不可欠なアメリカ」「マネーボール・アメリカ」「独立するアメリカ」の回答と、それぞれいくつか重なっていたと私は踏んでいる。そしてもう一度振り返っていただければ、3つの議論のいずれも実質的な長所も大きな欠点もあることがわかっていただけるはずだ。ただし、もう一つ理解していただきたいのは、より普遍的な方針を持たないまま一つひとつの質問に回答しようとすると、全体としての回答が我々の味方に対し、敵に対し、そして国民に対しても説明できない外交政策になってしまうということだ。それこそが、我々の選良たちがここのところずっとやってきたことなのだ。選択を導いてくれる総合的な戦略がないまま、課題が発生するたびにアドリブで対応しているのだ。

それなりに歳を重ねると、その後の人生の方向を決める、難しい個人的選択に何度か直面するものだ。あなたもすでにそういう選択をしてきたはずだ。そういったとき、人は先を読もうとする。賭けをする。面白そうな可能性を断念することもあるし、思いがけない可能性の発見を期待することもある。だが、もし選択しなければ、周りに選択されてしまうことになる。そして結果として必要以上に大きな後悔をするのだ。アメリカは、とても大事な選択を迫られている。

その選択が賢明なものでありますように。

謝辞

本著の責任は、あなた方読者にある。これまで、世界的な変化やどこかで起こっている危機について話をしたり、インタビューを受けたりしてきたが、そのたびにどうすればいいと考えているか知りたがる人が何人もいた。そういう質問は、いつもできるだけ受け流すようにしている。私はアナリストであって、政策決定者ではないのだ。だが質問が絶えない。そこでついに一度手がけてみることにしたのである。

すべて答えを持っていると言うつもりはないし、複雑な問題で一つの包括的な回答があるものなどないという自信はある。だが、誰もが重要な問題に直面したときには判断しないといけない。そして世界におけるアメリカの役割の将来という最も重要な問題について、可能な限り誠実に回答を出すように努めた。あなたにも同じようにしていただけることを願っている。

いつものことであるが、多くの助けがあった。考え方を伝えて強化してくれるとても多くの知己、友人、同僚がいる私は、大変幸せだ。ヴィント・サーフ、スティーブ・クレモンズ、ジャレッド・コーエン、イーヴォ・ダールダー、ロナン・ファロー、キャサリン・フィーシ、クリスチア・フリーランド、デビッド・フロムキン、ケン・グリッフィン、ニコラス・ゴズデフ、リチャード・ハース、ガイ・ハンズ、ピーター・ヘンリー、ケン・ハーシ、ヴォルフガング・イシンガー、ボブ・ケーガン、ザカリー・キャラベル、トム・キーン、パラグ・カンナ、サリー・クラウチェック、マルティナ・ラーキン、マーク・レナード、デビッド・リプトン、マジアール・ミノヴィ、ニコ・フンド、ダグ・レディカー、ハイディ・レディカー、ジョエル・ローゼンタール、アレック・ロス、ヌリエル・ルービニ、ジョゼット・シーラン、マルシー・ショア、ダグ・シューマン、マーティン・ソレル、ニック・トンプソン、エンツォ・ヴィスクージ、ファリード・ザカリアおよびボブ・ゼリック。各氏に敬意と謝意を表したい。

　アメリカ政府の内外の政策的リーダーから寄せられたアイデアや懸念が本著の原動力になった。マデリン・オルブライト、ジョン・ベアード、カール・ビルト、マーク・カーニー、マーティン・デンプシー、何晶、ジョン・ハンツマン、川口順子、クリスティーヌ・ラガルド、デビッド・ミリバンド、ジョージ・オズボーン、コラード・パッセラ、ウラジミール・プーチン、ハビエル・ソラナ、ジム・スタブリディスおよびラリー・サマーズの各氏に心から感謝したい。プーチンというのは冗談だが。

　アメリカの外交政策については、興味深く洞察に富む著作が多々あるが、ここでは「独立するアメリカ」「マネーボール・アメリカ」「必要不可欠なアメリカ」の基調をつかむのにとても役立った2冊を特筆しておきたい。ウォルター・ラッセル・ミードの *Special Providence: American Foreign Policy and How It Changed the World*（天祐：アメリカの外交政策とそれが世界を如何に変えたか）およびジョン・

C・ヒュースマン、アナトール・リーヴェン共著の*Ethical Realism: A Vision for America's Role in the World*（倫理的リアリズム：世界におけるアメリカの役割についてのビジョン）である。

私の著述家および思想家としての歩みは、ユーラシア・グループとその才能あふれるアナリストたちと不可分一体だ。政治学における行動主義革命に向けての我々のささやかな試みが、当該分野に変化をもたらしつつあることを願う。少なくとも、世界に対する私の理解を限りなく高めてくれたことは間違いない。調査チームの全員に対して『スーパーパワー』への貢献について感謝したい。特にコーリー・ボールズ、ニック・コンソノリー、クリス・ガーマン、デビッド・ゴードン、ロバート・ジョンストン、アレックス・カザン、ダン・カーナー、クリフ・クプチャン、フィリップ・デポンテ、グレグ・プリディ、ミジュ・ラーマン、ディヴヤ・レディ、マーク・ローゼンバーグ、ケビン・ラッド、ハニ・サブラ、スコット・シーマン、ショーン・ウェストの各氏からとても重要なサポートをいただいた。

ウィリス・スパークスに楯突いてはいけない。ここ10年間、5冊の本を一緒に作り出してきた。ともにキャリアを築いてきたような気がするし、ウィリスのおかげで私の仕事が得てきたものはとても大きい。そして私たちの協力関係は深まっていくばかりだ。マイク・サードは、私たち二人が手を抜かず、脇道に逸れないようにしっかりと手綱を押さえてくれたし、何から何まで好感が持てるやつでもある。もっとも、その新しいヒゲはどうかと思うが。サラ・ローチとジェイク・マイナーにはリサーチのサポートに感謝する。

必要不可欠なマーケティング、メディア関係の達人アレックス・サンフォードは、いつも全体を俯瞰してくれた。彼女と一緒に仕事をするのは楽しく、充実感がある。畏怖すべきジェナ・ローズベリー、小さな（しかし危険な）キム・トランと生真面目で鋭いマット・ピーターソンは、常に私を情報通にし、スケジュールどおりに進ませ、かつ正気を保つようにしてくれた。

我が出版チームはというと、アドリアン・ザックハイムが内なる気難し屋を進んで肯定するところには憧れるし、また本性に逆らってまでも私のことが好きになってきているのではないかと思う。私たち2人にとって、ポートフォリオ社のウィル・ワイサー、エミリー・アンジェル、タラ・ギルブライドおよびブリタニー・ウィンキーと一緒に仕事ができることはとても幸運だ。同じくアンプリファイ・パートナーズ社の素晴らしい戦略的広報担当アリソン・マクリーンとリズ・ヘイゼルトンも。最後に、超しっかり者エージェントのレイフ・セイジリンだが、彼には少人数だが才能あるライターを紹介することに成功した。レイフ、ありがとう。

そして我が妻アン、弟ロブ、そして愛犬のムースよ、君たちのことをもっと大事にしないといけないなあ。もうちょっとだけだけどね。

2015年2月、ニューヨークにて

解説

慶應義塾大学准教授
神保 謙

米国外交のアイデンティティ・クライシス

「米国は世界における位置づけに悩み、いまやアイデンティティ・クライシスに直面している」——イアン・ブレマー氏は、2015年5月に米国で出版されるや瞬く間に話題をさらった本書『スーパーパワー』の執筆の動機をこのように答えている。このアイデンティティ・クライシスの根源にあるのは、かつて同氏が『「Gゼロ」後の世界——主導国なき時代の勝者はだれか』（日本経済新聞出版社、2012年）で警鐘を込めた「世界の誰もリーダーにはなれない」時代において、世界の構造変化と米国の自画像との間に大きな断層が生み出されていることである。

もっとも建国以来の米国外交は、孤立主義と介入主義、リベラリズムとリアリズムの間で揺れ動き、必ずしも一貫していたわけではなかった。米外交評議会のウオルター・ラッセル・ミードは、米国の外交が①「国内の安定と発展を基礎に選別的に国際社会に関与」（ジェファーソニアン）、②「通商と経済的利益を基礎に積極的に関与」（ハミルトニアン）、③「国益擁護のための軍事力行使を重視」（ジャクソニアン）、④「民主主義や人権の拡大を志向」（ウイルソニアン）の4つの潮流に分類されることを論じた。20世紀の国際政治の舞台にスーパーパワー（超大国）として台頭した米国は、共和党と民主党の二大政党の間で振幅する理念上の対峙と、国際社会と米国内の経済社会状況に応じて、これらの潮流を取捨選択もしくは結合させてきたと言っていい。

しかし、このような米国外交の振幅のなかでも、かつての米国には疑いなきアイデンティティを見いだすことができた。そこには米国が台頭した20世紀に、ソ連および東側諸国との熾烈な冷戦に立ち向かい勝利したという経験と、その結果米国が比類なき超大国として君臨したという物語があったからである。米国は第二次大戦後の歴史において、安全保障、自由で開かれた貿易秩序、基軸通貨と金融秩序などの国際公共財を提供し、国際機関やレジームを主導する主役そのものであった。そのために世界をリードし、建国の理念でもある民主主義を世界的に普及させることについては、米国内での概ねのコンセンサスを保ってきたのである。

ここで一つのエピソードを紹介したい。私はしばしば米国の研究者や国防関係者らと将来の世界秩序に関する会議や政策シミュレーションに参加する機会を持っている。今から10年ほど前に出席した会議において、「20年後の世界秩序について最も望ましいシナリオと、望ましくないシナリオ」を互いに発表しあうことになった。複数の米国人研究者が捻りだしてきた構想はきわめて単純だった。「最も望ましいシナリオ――米国が主導する世界」に対し、「最も望ましくないシナリオ――米国が主導しない世界」だったのだ！　もしや米国の知的コミュニティは「米国が主導できない世界」に対する知的準備を怠っているのではないか、という漠たる不安を感じずにはいられなかった。

翻って現代の世界はまさに「米国が主導できない世界」の到来を予期している。これをブレマー氏のこれまでの著作にも立ち返って検討してみよう。中国・インド・ブラジルをはじめとする新興国の経済的台頭により、先進国と新興国のパワーバランスは大きく変化する過程にある。主要先進国が主導した秩序に対して、新興国に「断る力」が生み出され、そして先進国と新興国とが利益と負担の共有に合意する枠組みをつくることはきわめて難しくなった。これが「Gゼロ」後の世界の構図である。

また、米国が提供してきた国際公共財の基盤となる考え方である自由と民主主義、そしてそれを国際的な経済秩序として支える「ワシントン・コンセンサス」に対し、公然と反旗を翻す現象も顕著となった。それが、ブレマー氏が『自由市場の終焉』（日本経済新聞出版社、２０１１年）で特徴を炙り出した「国家資本主義」の台頭である。まさに中国やロシアの国営企業にみられるように、国家が資本取引や企業活動に深く介入し、重商主義的な政策を推進することで、世界経済におけるウエイトを増していく現象が継続している。多くの新興国は自由主義経済から多くの恩恵を受けながらも、十分な恭順をはかることができず、主要先進国との埋めがたい溝を残したまま台頭しているのである。

このような「米国が主導できない世界」が系統的に形成され、また超大国としての米国のパワーが相対的に低下していることは間違いない。しかし物事の単純化を許さないのは、この潮流のなかで決して「米国の衰退」が進んでいるわけではない、というもう一方の事実である。米国の技術イノベーション力はまぎれもなく世界一であり、3Dデータ制作、人工知能（AI）、ナノテクノロジー、クラウドコンピューティング、ロボティクス、ビッグデータ、先端素材などの次世代技術開発をリードするのも米国である。米国の大学は常に世界のトップランクにあり、世界中から頭脳を集積している。また米国の人口は増え続けており、開かれた移民政策もイノベーションの知的基盤を支えている。そして米シェールガス革命によって、見通しによっては2035年にエネルギー自給が達成できることも、米国の国力を支える大きな基盤となる。

こうした「米国が主導できない世界」の予期と、これまで米国が主導してきた超大国としての自画像、さらに米国のイノベーションの底力という期待こそ、今日の米国のアイデンティティを引き裂く構造的な要因なのである。

冷戦後の支離滅裂な外交

本書の第2章では、これらの国際構造の変化や米国自身の位置づけの変化のなかで、冷戦終結後の米国外交が「支離滅裂」に展開してきた、とブレマー氏は批判する。掛け値なしの超大国である米国であれば、その支離滅裂さは受容可能だったかもしれない。しかし「米国が主導できない世界」において、一貫性のない外交は米国に対する負のコストをますます大きくしている、というのだ。ブレマー氏はこの観点から、歴代のビル・クリントン大統領、ジョージ・W・ブッシュ大統領、バラク・

オバマ現大統領に対して、以下に述べるような辛辣な評価を下している。

クリントン政権は、対外介入に対して選択的関与をする方針を打ち出していたが、その「選択」は必ずしも国際秩序形成に有益なものではなかった。とりわけ1992年にソマリアで武装勢力の掃討を目途としたUNOSOMIIの介入失敗は、その後にイスラム過激派やテロリストが米国に対する攻撃のベンチマークを形成する契機となった。NATOの中・東欧諸国への拡大についても、ロシアとの不必要な対立構図を構造化する布石となった。そして中国の関与政策については、経済発展が自由化をもたらすという甘い前提に基づいていた。

ジョージ・W・ブッシュ政権は、就任当初こそ「思いやりのある保守主義」を掲げて国内を重視し、国際的な関与、特に平和構築や国家再建については消極的な姿勢を示していた。しかし9・11テロを重大な契機として、米国は長期間にわたる対テロ戦争の時代に突入した。アフガニスタン戦争・イラク戦争は、米国建国以来、最もコストがかかり長期間の戦争となってしまった。

そしてオバマ大統領は、この過剰関与となった2つの戦争の幕を引き、米国の対外政策を縮小均衡させることを目指すこととなった。ブレマー氏の評価によれば、オバマ大統領こそが「冷戦後の国際社会における米国の相対化を形づくった最初の大統領」だったことになる。オバマ大統領の外交で最も重要なのは「アジアへのリバランス政策」であり、この方向性自体は間違っていない。しかし、「アラブの春」以降の中東・北アフリカの混乱、シリア内戦と過激派組織イスラム国（IS）の台頭、ロシアによるクリミア併合と東ウクライナ危機という動乱において、米国は有効なリーダシップを発揮することができなかった。そしてこれらの危機への対応において、米国は介入・不介入の明確な基準を提示できず、混乱したメッセージを送り続けたのである。

10項目の質問と3つの選択肢――「国内回帰」「限定関与」「積極関与」

そこでブレマー氏が本書で一貫して読者に問うのは、以下のような10項目の質問である。①自由の性質、②米国の位置づけ、③米国の外交指針、④中国の位置づけ、⑤中東政策の評価、⑥米国の諜報能力についての評価、⑦米国大統領の役割、⑧偉大なリーダー像、⑨米国のリスクが何であるか、⑩2050年の世界像とは何か。これらの質問に対する答えを導き出すことによって、ブレマー氏は米国に生み出されつつある、思考様式の束を浮かび上がらせようとしている。それが本書の主題となっている米国の3つの選択肢である。

第1の選択肢は「国内回帰」（独立するアメリカ）である。「独立」（independent）という言葉を用いた背景は、米国が世界のすべての問題に責任を負うことから独立し、米国自身の安全を担保することに注力することを意味している。そして米国の国内インフラ、教育、医療、産業に対する投資とイノベーションを促進し、米国が世界の模範として位置づけられることを目指すべきとする。しかしこの選択肢は、米国の孤立主義と結びつきやすく、米国の関与に支えられていた秩序を弛緩させる可能性が高い。

第2の選択肢は「限定関与」（マネーボール・アメリカ）である。マイケル・ルイス原作、ブラッド・

ピット主演の映画で有名になった「マネーボール」は、貧乏球団オークランドアスレチックスが、徹底したデータ重視の戦術によって、プレーオフ常連のチームとなっていく様子を描いた作品だ。マネーボールを外交に適用した場合、旧来のイデオロギーを排除し、実用主義の観点から少ない投資で利益を最大化することを目指すことになる。同盟国や友好国の役割を増やし、米国は間接的なアプローチを重視する。マネーボール外交とは、米国が「普通の国」となることを意味している。しかし「普通の国」となる米国は、自らが国際秩序を形成する力を失い、むしろ新興国が形成する秩序への対応をその都度迫られるようになる。

第3の選択肢は「積極関与」（必要不可欠なアメリカ）である。米国には自由で開かれた秩序を守る責任があり、また同盟国や友好国を防衛する必要があり、また人道危機・環境問題などのグローバルな問題でもリーダシップを発揮しなければならない、という立場である。しかし世界のパワーバランスの変化は、米国に「積極関与」の余地を与えず、米国に対する牽制・否定・無視、さらには無関心などを通じて、米国の影響力を弱体化させている。米国がこれまでのような超大国としての規範的役割を、2020年代の世界で担うのはもはや難しいのである。

米国の選択と日本の選択

読者はやや意外に思われたかもしれないが、ブレマー氏自身が選択したのは「国内回帰」（独立するアメリカ）である。この選択肢こそが、米国の対外政策上の失敗をより少なくし、米国が有している優れた価値を増進することにつながると主張する。そして、決して孤立主義を志向するものではないが、対外介入については厳しい基準を設定すべきだとする。

ブレマー氏ほどの国際派の研究者が、米国の「国内回帰」を推奨することに違和感があるかもしれない。しかしこれまで、Gゼロの世界や国家資本主義の台頭に真摯に向き合ってきた氏だからこそ、超大国の惰性としての「積極関与」を続ける危険性の高まり、そして米国の一貫性のなさと原則の揺らぎを導く「限定関与」を排しているのである。ブレマー氏に見えている世界は、超大国米国をもってしても立ちはだかる新興国の台頭であり、「米国が主導できない世界」の深刻な構造そのものである。しかし、米国の国家としてのポテンシャルは力強く存在している。このポテンシャルを最大限引き出し、世界の模範となることが望ましいという結論にたどり着いているのだ。どこかブレマー氏の描いている国家像は、戦後日本が培ってきた姿に奇妙な符号をしないだろうか。

さて、『スーパーパワー』の描き出した米国の3つの選択肢は、アジアにとって、そして日本にとってどのような意味をもたらすだろうか。日本、韓国、オーストラリア、フィリピンなどの米国の同盟国にとって、もっとも望ましいのは「積極関与」を堅実に維持する米国の姿勢であることは明白であろう。オバマ政権が打ち出した「リバランス政策」は、まさに「積極関与」を再構築する試みとして捉えることが可能であろう。

しかしながら、中国の台頭にともなう軍事力の増強は、米国の前方プレゼンスに対する接近阻止・地域拒否（A2／AD）能力を付与し、中国の経済・外交的影響力の拡大は、周辺国の対中依存をますます深化させている。こうしたパワーバランスの如実な変化は、米国に否応なく「限定関与」を選択する誘因を導くことになる。実際、米国は同盟国の責任と役割を増やし、友好国の能力構築支援を行いながら、米国自身の関与を調整する方向性を示唆している。さらに中国の海洋進出を十分に牽制できず新しい「現状」が形成されることや、米中二国間の急速な接近など、マネーボールに見合った形で同盟国は翻弄されるケースが増えるかもしれない。

そしてブレマー氏の推奨する「国内回帰」する米国は、その具体的な形態にもよるが、アジアの秩序を大きく動揺させる可能性がある。朝鮮半島の分断、台湾海峡の緊張、東シナ海や南シナ海における緊張のどれもが、大小異なれど米国の関与によって秩序が担保されている。米国の「国内回帰」は、この地域の秩序に空白状況を作り出し、その空白は地域諸国自身による埋める努力によって競争状態が激化するだろう。そして、現在の力の配分を考えれば、この空白を埋めるのは中国であることは明白だ。「国内回帰」する米国は、アジアにおける中国主導の階層的秩序をもたらしかねないのである。

最後に、日本にとっての意味を考えてみたい。日本もまた①「国内回帰」、②「限定関与」（マネーボール・ジャパン）、③「積極関与」（かつての「普通の国」）という路線の選択がある。成熟した経済の下で低成長を続け、急速に高齢化し、財政赤字の膨らむ日本にとって、身の丈に応じた外交は「国内回帰」であろうか。もしくは、中国の台頭を中心に厳しい国際環境を眼前にして、選択的なバランシングと関与をはかる「限定関与」が正しい選択だろうか。あるいは、世界の人道危機などに（日本人の命の危険を賭してでも）積極的に関与する方向性を目指すべきだろうか。本書の言葉を借りれば、この答えは我々日本人自身が導き出さなければならない。

２０１５年12月

sanctions-capital-punishment; Kara Scannell, "BNP Pleads Guilty to Sanctions Violations and Faces $8.9bn Fine," *Financial Times*, June 30, 2014, http://www.ft.com/intl/cms/s/0/db2daede-009c-11e4-9a62-00144feab7de.html#axzz3I2ILAhW1; "US Mortgage Giant Attacks UBS and Credit Suisse," SWI, November 1, 2013, http://www.swissinfo.ch/eng/us-mortgage-giant-attacks-ubs-and-credit-suisse/37241690; Halah Touryalai, "Tale of Two Swiss Banks: Why Wegelin Failed and UBS Survived Tax Evasion Charges," *Forbes*, January 4, 2013, http://www.forbes.com/sites/halahtouryalai/2013/01/04/tale-of-two-swiss-banks-why-wegelin-failed-and-ubs-survived-tax-evasion-charges/.

9 Michael R. Gordon and Kareem Fahim, "Kerry Says Egypt's Military Was 'Restoring Democracy' in Ousting Morsi," New York Times, August 1, 2013, http://www.nytimes.com/2013/08/02/world/middleeast/egypt-warns-morsi-supporters-to-end-protests.html?_r=1&.

10 "Obama's Blurry Red Line," FactCheck.org., September 6, 2013, http://www.factcheck.org/2013/09/obamas-blurry-red-line/.

11 ディキンソン州立大学セオドア・ルーズベルト・センターによると、「この発言はしばしばセオドア・ルーズベルトのものとされるが、それを確認できる出典は見つかっていない」。

終　章

1 Chris Cillizza, "The Single Most Depressing Number in the New NBC–Wall Street Journal Poll," *Washington Post*, August 6, 2014, http://www.washingtonpost.com/blogs/the-fix/wp/2014/08/06/the-single-most-depressing-number-in-the-new-nbc-wall-street-journal-poll/.

2 David Rolman, "How Technology Is Destroying Jobs," *MIT Technology Review*, June 12, 2013, http://www.technologyreview.com/featuredstory/515926/how-technology-is-destroying-jobs/.

harvard.edu/publication/2830/why_the_united_states_should_spread_democracy.htmlを参照。

第6章

1 "Remarks by the President at the Air Force Academy Commencement" (May 23, 2012), White House, http://www.whitehouse.gov/the-press-office/2012/05/23/remarks-president-air-force-academy-commencement.

2 "Weekly Address: A Better Bargain for the Middle Class" (July 27, 2013), White House, http://www.whitehouse.gov/the-press-office/2013/07/27/weekly-address-better-bargain-middle-class.

3 Mike Allen, "'Don't Do Stupid Sh—' (Stuff)," *Politico*, June 1, 2014, http://www.politico.com/story/2014/06/dont-do-stupid-shit-president-obama-white-house-107293.html.

4 Jeffrey Goldberg, "Hillary Clinton: 'Failure' to Help Syrian Rebels Led to the Rise of ISIS," *Atlantic*, August 10, 2014, http://www.theatlantic.com/international/archive/2014/08/hillary-clinton-failure-to-help-syrian-rebels-led-to-the-rise-of-isis/375832/.

5 Mark Landler, "Obama Could Replace Aides Bruised by a Cascade of Crises," *New York Times*, October 29, 2014, http://www.nytimes.com/2014/10/30/world/middleeast/mounting-crises-raise-questions-on-capacity-of-obamas-team.html?hp&action=click&pgtype=Homepage&module=first-column-region&region=top-news&WT.nav=top-news&_r=1.

6 Jane Perlez, "China and Russia Reach 30-Year Gas Deal," *New York Times*, May 21, 2014, http://www.nytimes.com/2014/05/22/world/asia/china-russia-gas-deal.html?_r=0.

7 Tim Hanrahan, "Obama Transcript: NATO Will Defend Estonia, Latvia, Lithuania," Wall Street Journal, September 3, 2014, http://blogs.wsj.com/washwire/2014/09/03/obama-transcript-nato-will-defend-estonia-latvia-lithuania/.

8 Reynolds Holding, "U.S. Justice Seems to Fall Harder on Foreign Companies," *New York Times*, July 1, 2014, http://dealbook.nytimes.com/2014/07/01/u-s-justice-seems-to-fall-harder-on-foreign-companies/?_php=true&_type=blogs&_r=0; "Capital Punishment: France's Largest Bank Gets Fined for Evading American Sanctions," *Economist*, July 5, 2014, http://www.economist.com/news/finance-and-economics/21606321-frances-largest-bank-gets-fined-evading-american-

rglobalchin.html?pagewanted=all&_r=0.

3 Centers for Disease Control and Prevention, "Severe Acute Respiratory Syndrome (SARS)," http://www.cdc.gov/sars/; Ibid., "Fact Sheet: Basic Information About SARS," http://www.cdc.gov/sars/about/fs-SARS.pdf.

4 World Health Organization, "Cumulative Number of Confirmed Cases of Avian Influenza A(H5N1) Reported to WHO," http://www.who.int/influenza/human_animal_interface/H5N1_cumulative_table_archives/en/; "H5N1 Avian Flu (H5N1 Bird Flu)," Flu.gov, http://www.flu.gov/about_the_flu/h5n1/.

5 詳細は、拙著 The J Curve: A New Way to Understand Why Nations Rise and Fall (New York: Simon & Schuster, 2007) を参照。

6 北朝鮮および気候変動問題における米中協力の可能性に関するより詳細な論考は、Bruce Jentleson, "Strategic Recalibration: Framework for a 21st-Century National Security Strategy," *Washington Quarterly*, March 1, 2014, http://twq.elliott.gwu.edu/strategic-recalibration-framework-21st-century-national-security-strategy を参照。

7 Oxfam, "Foreign Aid 101: A Quick and Easy Guide to Understanding US Foreign Aid," http://www.oxfamamerica.org/explore/research-publications/foreign-aid-101/.

8 International Monetary Fund, "About the IMF," https://www.imf.org/external/about.htm.

9 Ibid., "History," http://www.imf.org/external/about/history.htm; ibid., "Our Work," http://www.imf.org/external/about/ourwork.htm.

10 アメリカの外交政策における民主主義推進の歴史についての優れた解説として Walter Russell Mead, *Special Providence: American Foreign Policy and How it Changed the World* (New York: Knopf, 2001), chapter 5: "The Connecticut Yankee in the Court of King Arthur: Wilsonianism and Its Mission" を参照。

11 Ivan Perkins, "Why Don't Democracies Fight Each Other?," *Washington Post*, June 20, 2014, http://www.washingtonpost.com/news/volokh-conspiracy/wp/2014/06/20/by-ivan-perkins-why-dont-democracies-fight-each-other/.

12 "List of Countries by GDP (PPP) Per Capita," Wikipedia, http://en.wikipedia.org/wiki/List_of_countries_by_GDP_(PPP)_per_capita.（日本語の Wikipedia では「国の国内総生産順リスト（一人当り購買力平価）」の項を参照)。

13 民主主義推進についてのより一般的な議論として Sean M. Jones, "Why the United States Should Spread Democracy," Discussion Paper 98-07, Center for Science and International Affairs, Harvard University, March 1998, http://belfercenter.ksg.

secretary-jay-carney.

20 Raphael Cohen and Gabriel Scheinmann, "Lessons from Libya: America Can't Lead from Behind," *Time*, February 15, 2014, http://ideas.time.com/2014/02/15/lessons-from-libya-america-cant-lead-from-behind/.

21 このアイデアのより詳しい説明については、拙著*The J Curve: A New Way to Understand Why Nations Rise and Fall* (New York: Simon & Schuster, 2007)を参照。

22 U.S. Energy Information Administration, "Japan," http://www.eia.gov/countries/cab.cfm?fips=JA.

23 Christina Larson, "Water Shortages Will Limit Global Shale Gas Development, Especially in China," *Bloomberg Businessweek*, September 2, 2014, http://www.businessweek.com/articles/2014-09-02/water-shortages-will-limit-global-shale-gas-development-especially-in-china.

24 Richard Rosecrance, *The Rise of the Trading State: Commerce and Conquest in the Modern World* (New York: Basic Books, 1986).（『新 貿易国家論』リチャード・ローズクランス著、土屋政雄訳、中央公論社1987年）

25 Lieven and Hulsman, *Ethical Realism*を参照。

26 Rosecrance, *The Rise of the Trading State.*（ローズクランス『新 貿易国家論』）

27 UN Conference on Trade and Development (UNCTAD), "Global Foreign Direct Investment Declined by 18% in 2012, Annual Report Says," press release, June 25, 2013, http://unctad.org/en/pages/PressRelease.aspx?OriginalVersionID=143.

28 "Marshall Plan," Digital History, http://www.digitalhistory.uh.edu/disp_textbook.cfm?smtID=3&psid=4077.

29 Urwin, *A Political History.*

30 Lieven and Hulsman, *Ethical Realism*, 80–83.

第5章

1 中国は、輸出と輸入の合計で見た世界最大の貿易国として60年にわたって君臨してきたアメリカを2012年に追い抜いた。"China Overtakes US as World's Largest Trading Country," RT.com, February 11, 2013, http://rt.com/business/china-us-largest-trading-country-908/.

2 Ted Plafker, "A Year Later, China's Stimulus Package Bears Fruit," *New York Times*, October 22, 2009, http://www.nytimes.com/2009/10/23/business/global/23iht-

terrorist-leaders/profile-osama-bin-laden/p9951#p6.

7 Anna Fifield,"Contractors Reap $138bn from Iraq War," *Financial Times*, March 18, 2013, http://www.ft.com/cms/s/0/7f435f04-8c05-11e2-b001-00144feabdc0.html#axzz3HN0d1Has.

8 Costs of War, http://costsofwar.org/.

9 David W. Moore,"Americans Believe U.S. Participation in Gulf War a Decade Ago Worthwhile," Gallup, February 26, 2001, http://www.gallup.com/poll/1963/americans-believe-us-participation-gulf-war-decade-ago-worthwhile.aspx.

10 "Iraq . . . and ISIS," PollingReport.com, November 21–23, 2014, http://www.pollingreport.com/iraq.htm.

11 "Iraq War Illegal, Says Annan," BBC News, September 16, 2004, http://news.bbc.co.uk/2/hi/world/middle_east/3661134.stm.

12 "Beirut Marine Barracks Bombing Fast Facts," CNN, http://www.cnn.com/2013/06/13/world/meast/beirut-marine-barracks-bombing-fast-facts/.

13 "Interview: Caspar Weinberger," *Frontline*, September 2001, http://www.pbs.org/wgbh/pages/frontline/shows/target/interviews/weinberger.html.

14 Anatol Lieven and John Hulsman, *Ethical Realism: A Vision for America's Role in the World* (New York: Pantheon, 2006), 122–23を参照のこと。ただし、平和を守るために地域的なパワーバランスを維持するという発想は、アメリカ合衆国よりずっと古くからある。

15 Ibid., 3.

16 Craig Whitlock,"U.S. Expands Secret Intelligence Operations in Africa," *Washington Post*, June 13, 2012, http://www.washingtonpost.com/world/national-security/us-expands-secret-intelligence-operations-in-africa/2012/06/13/gJQAHyvAbV_story.html.

17 Ryan Lizza,"The Consequentialist: How the Arab Spring Remade Obama's Foreign Policy," *New Yorker*, May 2, 2011, http://www.newyorker.com/magazine/2011/05/02/the-consequentialist.

18 Ivo H. Daalder and James G. Stavridis,"NATO's Success in Libya," *New York Times*, October 30, 2011, http://www.nytimes.com/2011/10/31/opinion/31iht-eddaalder31.html?_r=1&.

19 "Press Briefing by Press Secretary Jay Carney" (October 20, 2011), White House, http://www.whitehouse.gov/the-press-office/2011/10/20/press-briefing-press-

Subcategories: "Aviation," http://www.infrastructurereportcard.org/a/#p/aviation/overview; "Transit," http://www.infrastructurereportcard.org/a/#p/transit/overview; "Roads," http://www.infrastructurereportcard.org/a/#p/roads/overview.

31 Ibid., "Schools," http://www.infrastructurereportcard.org/a/#p/schools/overview.

32 Allie Bidwell, "American Students Fall in International Academic Tests, Chinese Lead the Pack," *USA Today*, December 3, 2013, http://www.usnews.com/news/articles/2013/12/03/american-students-fall-in-international-academic-tests-chinese-lead-the-pack.

33 Tim Walker, "International Study Links Higher Teacher Pay and Teacher Quality," *neaToday*, January 4, 2012, http://neatoday.org/2012/01/04/international-study-links-higher-teacher-pay-and-student-performance/.

34 Agence France-Presse, "Study: Iraq, Afghan Wars to Cost U.S. Up to $6 Trillion," *Defense News*, March 29, 2013, http://www.defensenews.com/article/20130329/DEFREG02/303290018/Study-Iraq-Afghan-Wars-Cost-U-S-Up-6-Trillion.

35 Colonel Jack Jacobs, U.S. Army (Ret)., "Want to Fix VA Health Care? Get Rid of It," ABC News, May 14, 2014, http://www.nbcnews.com/storyline/va-hospital-scandal/want-fix-va-health-care-get-rid-it-n106601.

第4章

1 U.S. Energy Information Administration, "World Oil Transit Chokepoints," http://www.eia.gov/countries/regions-topics.cfm?fips=wotc&trk=p3.

2 "Strait of Hormuz: The World's Key Oil Choke Point," *National Geographic*, http://environment.nationalgeographic.com/environment/energy/great-energy-challenge/strait-of-hormuz/.

3 U.S. Energy Information Administration, "Five States and the Gulf of Mexico Produce More Than 80% of U.S. Crude Oil," March 31, 2014, http://www.eia.gov/todayinenergy/detail.cfm?id=15631.

4 Michael Lewis, *Moneyball: The Art of Winning an Unfair Game* (New York: Norton, 2003).（『マネー・ボール――奇跡のチームをつくった男』マイケル・ルイス著、中山宥訳、ランダムハウス講談社、2004年）

5 Jeffrey Goldberg, "Breaking Ranks," *New Yorker*, October 31, 2005, http://www.newyorker.com/magazine/2005/10/31/breaking-ranks.

6 Council on Foreign Relations, "Profile: Osama bin Laden," http://www.cfr.org/

18 "Q&A: International Criminal Court," BBC News, March 11, 2013, http://www.bbc.com/news/world-11809908.

19 "Hugo Chávez: The Chávez Presidency," *Encyclopaedia Britannica*, http://www.britannica.com/EBchecked/topic/108140/Hugo-Chavez/285482/The-Chavez-presidency.

20 Pew Research Center for the People and the Press, "Public See U.S. Power Declining as Support for Global Engagement Slips," December 3, 2013, http://www.people-press.org/2013/12/03/public-sees-u-s-power-declining-as-support-for-global-engagement-slips/.

21 "Madison Argued That War Is the Major Way by Which the Executive Office Increases Its Power, Patronage, and Taxing Power (1793)," Portable Library of Liberty, November 30, 2009, http://files.libertyfund.org/pll/quotes/236.html.

22 "The Founding Fathers on the Constitution's War Power," War and Law League, http://warandlaw.homestead.com/files/foundin2.htmlから引用。

23 Ibid.

24 Abstract, Linda J. Blimes, "The Financial Legacy of Iraq and Afghanistan: How Wartime Spending Decisions Will Constrain Future National Security Budgets," HKS Faculty Research Working Paper Series RWP13-006, March 2013, https://research.hks.harvard.edu/publications/workingpapers/citation.aspx?PubId=8956&type=WPN.

25 Public Citizen, *NAFTA's 2-Year Legacy and the Fate of the Trans-Pacific Partnership*, February 2014, http://www.citizen.org/documents/NAFTA-at-20.pdf.

26 http://www.citizen.org/pressroom/pressroomredirect.cfm?ID=4050.

27 http://angusreid.org/americans-and-canadians-feel-they-have-lost-out-with-nafta/.

28 NAFTAを背景とするメキシコの改革が大いに失望すべきものだったという結論は、実に多くの証拠によって示されている。貿易と投資が激増したにもかかわらず経済成長は緩慢で、雇用の創出でも立ち遅れた。

29 Thomas L. Friedman and Michael Mandelbaum, *That Used to Be Us: How America Fell Behind in the World It Invented and How We Can Come Back* (New York: Farrar, Straus & Giroux, 2011).

30 American Society of Civil Engineers (ASCE), "2013 Report Card for America's Infrastructure," http://www.infrastructurereportcard.org/a/#p/home.

4 Kiran Dhillon, "Afghanistan Is the Big Winner in U.S. Foreign Aid," *Time*, March 31, 2014, http://time.com/43836/afghanistan-is-the-big-winner-in-u-s-foreign-aid/.

5 "Obama Proposes 18 Percent Drop in Aid to Pakistan for Fiscal 2015," *The Nation*, March 7, 2014, http://www.nation.com.pk/national/07-Mar-2014/obama-proposes-18-drop-in-aid-to-pakistan-for-fiscal-2015.

6 "1914–1918—Casualty Figures," http://www.worldwar1.com/tlcrates.htm.

7 Derek W. Urwin, *A Political History of Western Europe Since 1945*, 5th ed. (New York: Routledge, 1997).

8 William Manchester, *American Caesar: Douglas MacArthur, 1880–1964* (New York: Little, Brown, 1978).

9 Urwin, *A Political History*.

10 William H. Chafe, *The Unfinished Journey: America Since World War II*, 4th ed. (New York: Oxford University Press, 1991).

11 Robert Skidelsky, *John Maynard Keynes: Fighting for Britain, 1937–1946* (London: Macmillan, 2000).

12 Chafe, *The Unfinished Journey*.

13 Center on Budget and Policy Priorities, "Policy Basics: Where Do Our Federal Tax Dollars Go?," http://www.cbpp.org/cms/?fa=view&id=1258.

14 Pew Research Global Attitudes Project, "Global Opinion of Obama Slips, International Policies Faulted," June 13, 2012, http://www.pewglobal.org/2012/06/13/global-opinion-of-obama-slips-international-policies-faulted/.

15 Stephen Calabria, "Americans Conflicted About Which NATO Countries They'd Defend from Russia: Poll," *Huffington Post*, April 1, 2014, http://www.huffingtonpost.com/2014/04/01/americans-nato-poll_n_5069838.html.

16 Helene Cooper and Steven Erlanger, "Military Cuts Render NATO Less Formidable as Deterrent to Russia," *New York Times*, March 26, 2014, http://www.nytimes.com/2014/03/27/world/europe/military-cuts-render-nato-less-formidable-as-deterrent-to-russia.html?_r=0; Donald Kirk, "Okinawa Vote Rebuffs Japan, U.S. Plans for Marine Base," *Forbes*, January 19, 2014, http://www.forbes.com/sites/donaldkirk/2014/01/19/okinawa-vote-rebuffs-japan-u-s-plans-for-marine-base/.

17 For fuller treatment of these ideas, see Anatol Lieven and John Hulsman, *Ethical Realism: A Vision for America's Role in the World* (New York: Pantheon, 2006).

content.time.com/time/nation/article/0,8599,543748,00.html.

15 ここで引用されている金額は、2013年基準による。Sue Owen, "Obamacare Law Was 'Funded' and Expected to Save Billions; Not So for Medicare Part D," *PolitiFact*, November 18, 2013, http://www.politifact.com/texas/statements/2013/nov/18/facebook-posts/obamacare-law-was-funded-and-expected-save-billion/.

16 Pew Research Global Attitudes Project, "Global Public Opinion in the Bush Years (2001–2008)," December 18, 2008, http://www.pewglobal.org/2008/12/18/global-public-opinion-in-the-bush-years-2001-2008/.

17 Special Inspector General for Afghan Reconstruction, *Quarterly Report to the United States Congress*, July 30, 2014, http://www.sigar.mil/pdf/quarterlyreports/2014-07-30qr.pdf.

18 Embassy of the United States, London, "Delivering on the Promise of Economic Statecraft," November 17, 2012, http://london.usembassy.gov/forpol348.html.

19 "Obama's Blurry Red Line," FactCheck.org, September 6, 2013, http://www.factcheck.org/2013/09/obamas-blurry-red-line/.

20 "Gaza-Israel Conflict: Is the Fighting Over?," BBC News, August 26, 2014, http://www.bbc.com/news/world-middle-east-28252155; "Gaza Crisis: Toll of Operations in Gaza," BBC News, September 1, 2014, http://www.bbc.com/news/world-middle-east-28439404.

21 クラウゼヴィッツの著作（Princeton University Press版）については、同社のウェブサイトを参照。*Carl von Clausewitz: Historical and Political Writings*, http://press.princeton.edu/titles/4876.html.

第3章

1 Angela Young, "Global Defense Budget Seen Climbing in 2014; First Total Increase Since 2009 as Russia Surpasses Britain and Saudi Arabia Continues Its Security Spending Spree," *International Business Times*, February 6, 2014, http://www.ibtimes.com/global-defense-budget-seen-climbing-2014-first-total-increase-2009-russia-surpasses-britain-saudi.

2 The Eisenhower Project, http://www.eisenhowerproject.org/.

3 Scott McConnell, "Bob Gates's Farewell Warning," *American Conservative*, January 21, 2014, http://www.theamericanconservative.com/bob-gatess-farewell-warning/.

3 Kate Aurthurの"'In a Few Days, the Mood Shifted: Why Hadn't We Won Yet?,'" *New York Times*, March 23, 2003, http://www.nytimes.com/2003/03/23/weekinreview/23WORD.htmlで引用されているジョージ・H・W・ブッシュの発言。

4 William J. Clinton, "Address Before a Joint Session of Congress on Administration Goals" (February 17, 1993), American Presidency Project, http://www.presidency.ucsb.edu/ws/index.php?pid=47232&st=Peace+Dividend&st1=.

5 Mary Elise Sarotte, "Enlarging NATO, Expanding Confusion," *New York Times*, November 29, 2009, http://www.nytimes.com/2009/11/30/opinion/30sarotte.html?pagewanted=all&_r=0.

6 World Bank, "GDP Per Capita (Current US$)," http://data.worldbank.org/indicator/NY.GDP.PCAP.CD?page=2.

7 クリントン政権の終わり頃には、「ロシアを失ったのは誰か」といったことがアメリカ国内で大きな話題になっていた。Robert D. Kaplan, "Who Lost Russia?" (Stephen F. Cohenの著書 *Failed Crusade: America and the Tragedy of Post-Communist Russia* の書評), *New York Times*, October 8, 2000, http://www.nytimes.com/2000/10/08/books/who-lost-russia.html.

8 U.S. Department of State, "China: WTP Accession and Permanent Normal Trade Relations (PNTR)," May 24, 2000, http://www.state.gov/1997-2001-NOPDFS/regions/eap/fs-china_pntr-wto_000524.html.

9 "Between Hope and History: On Free Trade," http://www.ontheissues.org/Archive/Hope_+_History_Free_Trade.htm.

10 Martin Kelly, "Top 15 Presidential Campaign Slogans," *About Education*, http://americanhistory.about.com/od/elections/tp/Top-15-Presidential-Campaign-Slogans.htm.

11 Louis Jacobson, "Hillary Clinton Says Economic Stats Were 100 Times Better Under Clinton Than Ronald Reagan," *PolitiFact*, July 21, 2014, http://www.politifact.com/truth-o-meter/statements/2014/jul/21/hillary-clinton/hillary-clinton-says-economic-stats-were-100-times/.

12 "Presidential Debate Excerpts: Gov. George W. Bush vs. Vice President Al Gore" (October 12, 2000), *PBS NewsHour*, http://www.pbs.org/newshour/bb/politics-july-dec00-for-policy_10-12/.

13 "Presidential Debate in Winston-Salem, North Carolina" (October 11, 2000), American Presidency Project, http://www.presidency.ucsb.edu/ws/?pid=29419.

14 Joe Klein, "It's Time for Extreme Peacekeeping," *Time*, November 16, 2003, http://

ジョージ・H・W・ブッシュ；"Remarks at a Briefing on Energy Policy" (February 20, 1991), American Presidency Project, http://www.presidency.ucsb.edu/ws/index.php?pid=19318&st=energy+policy&st1=.

ジミー・カーター；"Energy Address to the Nation" (April 5, 1979), American Presidency Project, http://www.presidency.ucsb.edu/ws/index.php?pid=32159&st=Iran&st1=.

ジェラルド・フォード；"Address to the Nation on Energy Programs" (May 27, 1975), American Presidency Project, http://www.presidency.ucsb.edu/ws/index.php?pid=4942&st=foreign+oil&st1=.

リチャード・ニクソン；"The President's News Conference" (February 25, 1974), Miller Center, http://millercenter.org/president/nixon/speeches/speech-3888.

20 Ángel González, "Expanded Oil Drilling Helps U.S. Wean Itself from Mideast," *Wall Street Journal*, June 27, 2012, http://online.wsj.com/news/articles/SB10001424052702304441404577480952719124264.

21 "World Energy Outlook 2012 Factsheet," http://www.worldenergyoutlook.org/media/weowebsite/2012/factsheets.pdf; International Energy Agency, *World Energy Outlook 2012*, http://www.worldenergyoutlook.org/publications/weo-2012/.

22 UN Department of Economic and Social Affairs, *World Population Prospects: The 2012 Revision*, http://esa.un.org/wpp/Documentation/pdf/WPP2012_HIGHLIGHTS.pdf.

23 Gayle Smith, "U.S. Global Development Lab Launches to Develop and Scale Solutions to Global Challenges," USAID, April 4, 2014, http://blog.usaid.gov/2014/04/u-s-global-development-lab-launches-to-develop-and-scale-solutions-to-global-challenges/.

第2章

1 1988年12月7日にゴルバチェフが国連で行った演説は、広くインターネットに掲載されている。演説筆記録の抜粋についてはhttp://astro.temple.edu/~rimmerma/gorbachev_speech_to_UN.htmを参照。

2 George H. W. Bush, "Address Before a Joint Session of Congress" (September 11, 1990), Miller Center, http://millercenter.org/president/bush/speeches/speech-3425.

April 17, 2014, http://thediplomat.com/2014/04/does-the-us-navy-have-10-or-19-aircraft-carriers/.

11 フランスのシャルル・ド・ゴール大統領が1966年にフランスをNATOの軍事機構から脱退させ、NATO部隊をフランス領から排除したことがその最もいい例である。

12 "An Acronym with Capital," *Economist*, July 19, 2014, http://www.economist.com/news/finance-and-economics/21607851-setting-up-rivals-imf-and-world-bank-easier-running-them-acronym; Chris Hogg, "China Banks Lend More Than World Bank—Report," BBC News, January 18, 2011, http://www.bbc.com/news/world-asia-pacific-12212936.

13 Peter Wong, "Renminbi Challenging US Dollar Hegemony as Global Economic Gravity Moves East," *The Nation* (Thailand), September 2, 2014, http://www.nationmultimedia.com/business/Renminbi-challenging-US-dollar-hegemony-as-global--30242259.html.

14 Pew Research Center for the People and the Press, "Public See U.S. Power Declining as Support for Global Engagement Slips," December 3, 2013, http://www.people-press.org/2013/12/03/public-sees-u-s-power-declining-as-support-for-global-engagement-slips/.

15 Charlie Campbell, "Germany, Brazil Take NSA Spying Gripes to U.S.," *Time*, October 25, 2013, http://world.time.com/2013/10/25/germany-brazil-take-nsa-spying-gripes-to-u-n/.

16 U.S. Chamber of Commerce, "The Benefits of International Trade," https://www.uschamber.com/international/international-policy/benefits-international-trade-0.

17 "Trading Up" (editorial), *National Review*, July 9, 2010, http://www.nationalreview.com/articles/243435/trading-editors.

18 Donilon, Landon Lecture.

19 以下の例を参照。

バラク・オバマ；"Remarks by the President on America's Energy Security" (March 30, 2011), White House, Office of the Press Secretary, http://www.whitehouse.gov/the-press-office/2011/03/30/remarks-president-americas-energy-security.

ジョージ・W・ブッシュ；"State of the Union Address" (January 23, 2007), White House, http://georgewbush-whitehouse.archives.gov/news/releases/2007/01/20070123-2.html.

原注

第1章

1 United States Census Bureau, "Exhibit 6. Exports, Imports, and Trade Balance by Country and Area, Not Seasonally Adjusted: 2014," census.gov, http://www.census.gov/foreign-trade/Press-Release/2014pr/12/exh6s.pdf.

2 European Commission, "Client and Supplier Countries of the EU28 in Merchandise Trade (2013, excluding intra-EU trade)," ec.europa.eu, August 27, 2014, http://trade.ec.europa.eu/doclib/docs/2006/September/tradoc_/22530.pdf.

3 "Data Protection: Angela Merkel Proposes Europe Network," BBC News, February 15, 2014, http://www.bbc.com/news/world-europe-26210053.

4 Jim Yardley and Gardiner Harris, "2nd Day of Power Failures Cripples Wide Swath of India," *New York Times*, July 31, 2012, http://www.nytimes.com/2012/08/01/world/asia/power-outages-hit-600-million-in-india.html?pagewanted=all&_r=0.

5 Jonathan Watts, "Brazil Protests Erupt over Public Services and World Cup Costs," *Guardian*, June 18, 2013, http://www.theguardian.com/world/2013/jun/18/brazil-protests-erupt-huge-scale; Simon Romero, "Thousands Gather for Protests in Brazil's Largest Cities," *New York Times*, June 17, 2013, http://www.nytimes.com/2013/06/18/world/americas/thousands-gather-for-protests-in-brazils-largest-cities.html?_r=0.

6 Anushay Hossain, "Beyond the Sycamore Trees: What the Turkey Protests Really Represent," *Forbes*, June 9, 2013, http://www.forbes.com/sites/worldviews/2013/06/09/beyond-the-sycamore-trees-what-the-turkey-protests-really-represent/.

7 Daniel W. Drezner, *The System Worked: How the World Stopped Another Great Depression* (New York: Oxford University Press, 2014) を参照。

8 Peter Apps, "East-West Military Gap Rapidly Shrinking: Report," Reuters, March 8, 2011, http://www.reuters.com/article/2011/03/08/us-world-military-idUSTRE7273UB20110308.

9 Thomas E. Donilon, the Landon Lecture, Council on Foreign Relations, April 14, 2014, http://www.cfr.org/united-states/landon-lecture/p32846.

10 Robert Farley, "Does the U.S. Navy Have 10 or 19 Aircraft Carriers?," *The Diplomat*,

著訳者紹介

イアン・ブレマー　Ian Bremmer

ユーラシア・グループ社長。

スタンフォード大学にて博士号（旧ソ連研究)、フーバー研究所のナショナル・フェローに最年少25歳で就任。コロンビア大学、東西研究所（East West Institute)、ローレンス・リバモア国立研究所を経て、現在はニューヨーク大学で教鞭をとるほか、ワールド・ポリシー研究所の上級研究員も務める。2007年には、世界経済フォーラム（ダボス会議）の「ヤング・グローバル・リーダー」に選出される。

1998年、28歳で調査研究・コンサルティング会社、ユーラシア・グループをニューヨークに設立。毎年発表される「世界10大リスク」でも定評のある同社は、グローバルな政治リスク分析・コンサルティングの分野をリードする専門家集団として成長を続けている。また、政府首脳（民主・共和両党の大統領候補者、ロシアのキリエンコ元首相など）に対し、外交問題についての助言を行ってきた。

著書に『自由市場の終焉』『「Gゼロ」後の世界』（ともに日本経済新聞出版社刊）などがある。

奥村準　おくむら・じゅん

1950年岐阜市生まれ。1976年に東京大学法学部を卒業、通商産業省（現在の経済産業省）に入省。国際関係の業務を中心に、在ブラジル大使館勤務などを経て、JETROニューヨーク・センターの所長。2001年の9.11同時多発テロの際には、日系企業への対応などに当たる。現在は、明治大学国際総合研究所（MIGA）の客員研究員。

スーパーパワー

Gゼロ時代のアメリカの選択

2015年12月18日　1版1刷
2016年1月13日　　2刷

著　者　イアン・ブレマー
訳　者　奥村準
発行者　斎藤修一
発行所　日本経済新聞出版社
http://www.nikkeibook.com/
東京都千代田区大手町1-3-7　〒100-8066
電話　03-3270-0251（代）

印刷・製本　中央精版印刷
Printed in Japan　ISBN978-4-532-35678-1